☐ 2013年宁波市与中国社会科学院共建研究中心课题"宁波市非物质文化遗产的创意产业化路径探究"研究成果

☐ 浙江省哲学社会科学重点研究基地浙江万里学院临港现代服务业与创意文化研究中心专著资助项目

☐ 浙江万里学院"2013年中央——海洋经济创新团队建设"项目资助成果

☐ 浙江万里学院文化与传播学院宁波市创意设计产业与城市发展研究中心专著资助项目

浙江省哲学社会科学重点研究基地临港现代服务业与创意文化研究中心
浙江万里学院"中央——海洋经济创新团队建设"项目资助成果

宁波非物质文化遗产创意产业化研究

陈万怀 ○ 著

ZHEJIANG UNIVERSITY PRESS
浙江大学出版社

目　　录

第一章　产业经济视角的非遗创意产业

在过去的几十年里,文化和创意产业已经成为一种主要的经济力量。创意产业作为 11 种经济成分的综合体,因其惊人的高增加值和增长率成为世界各国人们关注的焦点。20 世纪 90 年代以来,文化和创意产业在政治议事日程中被重视起来——反映在旨在推动欧洲经济增长的《里斯本条约》和联合国教科文组织《保护和促进文化表现形式多样性公约》中。2005 年 10 月,第 33 届联合国教科文组织大会上通过的《保护和促进文化表现形式多样性公约》中,"文化多样性"被定义为各群体和社会借以表现其文化的多种不同形式。该公约表明在世界范围内,各国承认作为非物质和物质财富来源的传统知识的重要性,特别是原住民知识体系的重要性,其对可持续发展的积极贡献,及其得到的充分保护和促进的需要。该公约不仅提出了文化多样性的概念,文化包含内容和表现形式,以及文化活动、产品和服务,而且认为"文化产业"是各国有权发展生产和销售文化产品或服务的产业,尤其是发展中国家都有能力在地方、国家和国际层面上创建和加强其文化表现手段,包括其新兴的或成熟的文化产业。因此,发展中国家所面对的文化多样性以及如何使自己国家和民族的多样性文化得以保护和传承的问题,是整个国家和民族的文化战略问题。在保护和传承上,发展中国家更需要向发达国家学习文化产业发展的经验和方法,以在与其的竞争和抗衡中获得民族文化的生存及发展。

第一节　创意产业与创意经济概述

创意产业是第二、三产业共同发展的结合点,是城市经济发展的新内容和新载体。当前,经济学家和社会研究学者普遍认为,创意产业属于新型城市服务业,创意性和知识性的职业及服务部门将推动整体社会经济的发展。中国人民大学人文奥运研究中心执行主任金元浦教授指出,创意产业与新经济密不可分,没有创意产业,就没有新经济。同样,没有新经济也就没有创意产业。

一、创意产业与创意经济

创意就是催生某种新事物的能力,它表示一人或多人创意和发明的产生,这种创意和发明必须是个人的、原创性的,且具有深远意义的。换句话说,它就是才能和智慧。[①] 通俗地讲,创意经济就是将人们常说的"点子""主意"产业化所形成的社会价值或经济价值。虽然创意并不一定就是经济行为,但是,一旦创意具有了经济意义或产生了可供交换的产品,创意就可能是经济行为。美国卡耐基梅隆大学弗罗里达教授认为,如果把经济领域分成三个部门——创意部门、制造部门和服务部门,然后再把各部门工作者的工资和收入都加起来,那么创意部门几乎占据了美国所有工资收入的一半——将近2万亿美元,差不多是生产和服务部门工资收入之和,因此,创意产业已经成为财富的最重要来源。[②]

一般看来,创意经济包括时尚设计、电影与录像、交互式互动软件、音乐、表演艺术、出版业、软件及计算机服务、电视和广播等;此外,还包括旅游、博物馆和美术馆、遗产和体育等。创意之父、英国著名经济学家约翰·霍金斯在《创意经济:如何点石成金》一书中,把创意产业界定为其产品均在知识产权的保护范围之内的经济部门。约翰·霍金斯认为:"知识产权法的每一形式都有庞大的工业与之相应,加在一起这四种工业就组成了创造性产业和创造性经济。"

经济增长是通过一定的方式进行的,它受经济增长的内容及决定经济增长的主要因素影响。因此,在不同的历史阶段里,转变经济增长方式不仅成为全世界各个国家经济研究学者孜孜以求的理论探索,同时也是世界各国及地区行业发展的理论依托。从早期亚当·斯密、大卫·李嘉图的古典经济增长理论,到罗默、卢卡斯等为代表的新经济增长理论,都使我们正确地认识到经济增长的内容及各有关要素,经济增长的模式、规律及实现的途径与手段等。自从英国政府1998年正式提出"创意经济"的概念以来,追求经济增长在当前

---

① 约翰·霍金斯.创意经济:如何点石成金[M].洪庆福,孙薇薇,刘茂玲,译.上海:上海三联书店,2006:3.

② 理查德·弗罗里达.创意经济[M].方海萍,魏清江,译.北京:中国人民大学出版社,2006:29.

已经成为世界各个国家及地区共同的诉求。发达国家和地区提出了创意立国或以创意为基础的经济发展模式,发展创意产业已经被发达国家或地区提到了发展的战略层面。与此同时,西方理论界也率先掀起了一股研究创意经济的热潮。从研究"创意"(creativity)本身,逐渐延伸到以创意为核心的产业组织和生产活动,即"创意产业"(creative industry)、"创意资本"(creative capital),又拓展到以创意为基本动力的经济形态和社会组织,即"创意经济"(creative economy),逐渐聚焦在具有创意的人力资本,即"创意阶层"(creative class)。

　　当今世界,创意产业已不再是一个理念,而是有着巨大经济效益的社会现实。约翰·霍金斯在《创意经济:如何点石成金》一书中指出,创意产业占全球GDP的7%,每天产生的价值高达22亿美元,并以每年5%的速度快速增长。美国创意产业每年的增长速度更高达14%,英国为12%。纵观全球,发达国家的众多创意产品、营销、服务,吸引了全世界的眼球,形成了一股巨大的创意经济浪潮,席卷世界。在约翰·霍金斯看来,创意经济是创意产品之间进行的交易。每次交易或许都有两个相互补充的价值:无形的知识产权价值和有形载体或物品的价值(如果存在的话)。在某些诸如数字软件的行业中,知识产权的价值比较高,而在另一些行业中,例如艺术品行业,有形标的物的单位成本就比较高。① 虽然不是所有创意产品都有资格被称为知识产权,但是,仍有许多创意产品可以。知识产权有若干形式,其中最为常见的四种分别是版权、专利、商标和设计。这四种知识产权的常见形式共同构成了创意产业或创意经济。但这一定义所受争议颇多,大多数国家认为创意及其相关产业包括各种形式的创意性和想象力。但是,一些国家,其中包括英国和澳大利亚,将"创意产业"一词仅限于艺术和文化产业,其中并没有科学和专利产业的位置。②

　　创意产业具有高附加值性、强渗透性和低能耗性,创意得到的认可度越高,它的附加值就会越高。创意能耗很少,因此是优化产业结构、转变经济增长模式、推进传统制造业向高增值产业升级的重要途径。人类是具有创意的动物,但是,我们的创造力未必能永远导引出具有创造性的产品。经济学研究等式表明:创意经济(CE)等于创意产品的价值(CP)与交易次数(T)的乘积,即 $CE=CP×T$。这里,创意等式只针对创意产品,而不针对创意,并且创意产

<hr>

① 约翰·霍金斯.创意经济:如何点石成金[M].洪庆福,孙薇薇,刘茂玲,译.上海:上海三联书店,2006:7.

② 约翰·霍金斯.创意经济:如何点石成金[M].洪庆福,孙薇薇,刘茂玲,译.上海:上海三联书店,2006:6-7.

品和交易之间也有所不同。创意产品的数量可以量化,但创造力本身不能量化,我们可以说某某人更具创意,甚至非常有创意,但是不能说他的创意是另一个人创意的 2.5 倍。① 可以看出,创意以及创意产品主要的作用在于它对一个产业或行业的增加值,创意是产品附加值的核心所在,创意经济的形成和发展也就在于此。

二、创意产业与地方经济发展

当前,世界经济依然处于缓慢复苏阶段,世界各国都在挖掘社会领域内新的经济增长点。从发达国家的产业经济发展经验来看,创意产业已经成为未来经济发展的新支柱,谁能把握创意产业链的高端,谁就能把握未来的经济发展方向。同样,宁波地区的社会经济正值保稳定、促增长、调结构,转变发展方式的关键时期,大力发展创新产业有利于转变宁波产业经济发展方式,优化产业结构,减轻制造业、加工业对宁波环境造成的巨大压力,同时有利于减轻经济增长放缓对宁波就业造成的影响,形成创新驱动发展的良好局面。

(一) 文化创意产业的内涵

根据联合国教科文组织的界定,"文化产业"是按照工业标准生产、再生产、储存以及分配文化产品和服务的一系列活动。文化创意产业与通常意义上的文化产业有着很大程度的重合,但是文化产业并不等同于文化创意产业。自从 1998 年 11 月英国政府首次出台《创意产业图录报告》明确提出"创意产业"的概念,将创意产业作为振兴英国经济的重要手段以来,创意产业和金融业已经成为英国的主要支柱产业,使其成功转型为世界制造业中心。英国早在 2001 年的创意产业发展计划中就将创意产业定义为:"通过知识产权的保护和开发,含有个人原始创造、技能和天赋,能够增进财富和就业的行业。通过政府的大力引导,英国的创意产业有了长足的发展。"②文化经济理论家理查德·凯夫斯从文化经济学的角度在更狭义的意义上把文化创意产业定义为:提供具有广义文化、艺术或仅仅是娱乐价值的产品和服务的产业。③ 2002

---

① 约翰·霍金斯.创意经济:如何点石成金[M].洪庆福,孙薇薇,刘茂玲,译.上海:上海三联书店,2006:7.

② 仇景万.英国创意产业发展对我国创新驱动发展战略的启示[J].现代管理科学,2016 (5):73.

③ 理查德·E.凯夫斯.创意产业经济学——艺术的商业之道[M].孙绯,等,译.北京:新华出版社,2004.

年,中国台湾地区也借鉴英国创意产业发展经验,提出发展文化创意产业,将其定义为"源自创意或文化累积,透过智慧财产的形式与运用,具有创造财富与就业机会潜力,并促进整体生活提升之行业"①。关于文化创意产业概念的争论主要表现在行业与部门界定范围之间,各国(地区)学者对创意产业内涵的理解都比较接近,强调创造力对经济的贡献能力,定义着眼于整个产业链,主要由产业源泉、产业路径和产业社会效果这三个要素组成,重点在于"创意"这个核心源头。②

纵观世界整个经济增长模式的理论演进,20世纪90年代以来文化资本理论的兴起及其与经济增长方式转变的关系备受关注,如今正在成为西方经济学界讨论的一个重要议题,也引起了自然学界、社会学界、文化学界等学者的共鸣。1989年,法国的布迪厄在其著名的论文《资本的形式》中第一次完整地提出了文化资本理论。他认为,资本可以表现为经济资本、文化资本和社会资本等三种基本的类型,在某种条件下,文化资本和社会资本可以转换成经济资本,成为推动经济增长的力量。布迪厄将"资本"的概念广泛应用于文化分析,从一种非经济学角度对"资本"做了阐述,给中国文化资本与文化产业、社会发展等研究提供了新的视角。发达国家之所以将创意产业定义为具有自主知识产权的创意性内容密集型产业,主要在于其有以下三方面含义:(1)创意产业来自创造力和智力财产,因此又称作智力财产产业;(2)创意产业来自技术、经济和文化的交融,因此创意产业又称为内容密集型产业;(3)创意产业为创意人群发展创造力提供了根本的文化环境,因此又往往与文化产业概念交互使用。

文化资本不仅是一种资本要素,而且是一种具有渗透性功能的生产要素,它可以与传统资本结合发挥综合效应。内生增长理论认为,知识是经济发展的关键,而知识的生产、消费、交换、分配必须以创新为动力,只有创新才能推动知识经济的发展。创新不仅仅是一种企业化的行为,而且是整个社会的一种意识,一个社会的整体创新能力与文化以及每个公民的创意活力紧密相关。③ 文化创意产业属于知识密集型新兴产业,处于技术创新和研发等产业价值链的高端环节,是一种高附加值的产业,很大程度上能带动就业、促进地

---

① 蔡尚伟.城市特质与(文化)创意产业路线选择[J].中国文化产业评论,2007(2):247-265.

② 徐炯.杭州文化创意产业发展分析及创意产业园区建设策略[D].杭州:浙江工业大学,2015:2-3.

③ 顾江.文化产业经济学[M].南京:南京大学出版社,2007:301.

方经济增长。文化创意产业的良性运作有助于地区经济稳定与可持续发展，目前，我国各大城市纷纷依托自身良好的文化创意产业发展历史资源和物质基础，文化创意产业的发展已经开始极大地推动不同区域的城市经济与文化的发展建设。

随着全球市场经济的发展，产业结构发展不断变化和调整。在经济增长放缓，向高新技术产业转型升级的新常态下，集文化、科技、环保等要素于一身的文化创意产业正逐步成为刺激经济新增长的重要产业，具有融合性、区域性的特点。宁波市文化产业研究基地首席专家、浙江大学宁波理工学院黄少华教授认为："文化产业与其他产业的融合以及文化产业内部的融合，符合当前经济发展的潮流趋势，也是一个国家、一个城市调整产业结构、转型升级的需求反映。想要走出一条成功的融合路子，最核心的因素还是离不开创新，应该用创意去带动融合。"①对于宁波的文化产业来说，搭建了好的平台，有了产业的内容，再注入创意的元素，那么，宁波的文化产业发展必将会上一个新的台阶。

（二）发展文化创意产业的社会意义

文化创意产业是在全球产业结构调整的大背景下发展起来的新兴产业，也是英国、美国、德国、澳大利亚等西方发达国家转变经济发展方式的一个重要产业领域。20 世纪 90 年代以来，文化创意产业在我国逐渐跃升至国家战略发展层面，对于推动我国经济发展、繁荣文化事业、实施文化强国战略、促进城市产业结构升级等方面具有非常重要的作用。

1. 文化创意产业推动社会文化繁荣发展

自 2009 年国务院推出了《文化产业振兴规划》以来，发展文化创意产业在我国就被提升到了国家战略高度，这标志着我国文化创意产业进入了一个全新的发展时期。2011 年 10 月 18 日，中共十七届六中全会又提出"加快发展文化产业，必须构建结构合理、门类齐全、科技含量高、富有创意、竞争力强的现代文化产业体系"，在这次全会中我国首次将"文化命题"作为议题，它对于深化文化体制改革，推动社会主义文化大发展、大繁荣有着深远的影响。在地方政府为发展而竞争的机制作用下，各地为获得文化创意产业发展的"先发优势"，纷纷提出"文化强省""文化强市"的发展战略，推动着中国文化创意产业进入高速的发展态势。

---

① 汤丹文，周燕波.宁波文化产业助力城市经济转型升级[N].宁波日报，2014-06-06(A1).

随着社会现代化进程的加快,我国许多传统文化濒临灭绝,而文化创意产业利用高科技和多媒体等创新手段将传统文化中的精髓延续下来,既有效地传承历史文化,又在内容或形式上有所创新。创意产业的核心特征就是倡导把文化要素作为推动经济增长的主导要素,对中国而言,五千年的中华文明史,有着挖掘不尽的文化宝藏,也有着取之不尽的文化资源。一切高科技的产品,归根结底都是为人服务的,它们都离不开文化,离不开文化所昭示的生存意义、生活需求和生命本质。① 放眼当今世界,高新科学技术在文化领域的广泛应用,已造就了众多新奇的文化形态,为传统文化的继承、人类社会文明的发展开拓了更高的境界。

文化创意产业离不开"文化"两字,没有文化含量,整个文化创意产业就像无源之水、无本之木,无以为继。而以宁波象山竹根雕为代表的雕塑文化、以上林湖越窑遗址为代表的青瓷文化、以宁海十里红妆为代表的婚俗文化、以保国寺为代表的建筑文化、以天一阁为代表的藏书文化、以"宁波帮"为代表的儒商文化以及海上丝绸之路文化和丰富的民俗民间艺术资源,还有宁波红帮服饰文化、以象山中国开渔节为代表的渔文化……这些富有民族和地域特色的浙东文化给宁波非物质文化的产业化发展以深厚的精神底蕴。植根于本土独特的文化之中,宁波非物质文化遗产的创意产业也被赋予了充满文化含量的品牌性格,通过创意十足的非遗创意产品传递对文化的理解与感知,既能提升文化产业的竞争实力,又可以产生巨大的经济效益和社会效益。

2. 文化创意是文化产业经济的新增长点

发展文化创意产业之所以能够在全世界各地受到政府、企业和社会的追捧,是与其具有改变现有经济增长方式、促进社会经济全面发展的强大功能紧密相连的。文化创意产业在加强国家与国家之间、地区与地区之间文化交流的同时,又能促进社会产业发展,一方面可以进一步增进文化认同感,加深文化凝聚力;另一方面还能够繁荣旅游消费市场,产生社会经济效益,刺激和拉动经济消费(见图1-1),实现社会文化与经济双赢的功效。如果说世界已经进入文化和科技融合的新时代,那么丰富的宁波传统文化元素与创意产业的融合,无疑顺应了时代的发展,在无形中改造和提升着传统的文化产业,催生出非物质文化产业化的新业态、新载体,以创意文化产业的形式传承和创建着新的非物质文化品牌。

---

① 厉无畏,等.创意产业:转变经济发展方式的策动力[M].上海:上海社会科学出版社,2008:54-56.

图 1-1　宁波市鼓楼商业文化街区宁波油赞子的购买队伍

发展文化创意产业,看重的是它在提高自主创新能力,转变经济增长方式,引领产业向高端发展,实现产业结构升级,为二、三产业融合发展服务等方面的重要作用。党的十八大将"文化创意产业成为国民经济支柱性产业""社会主义文化强国建设基础更加坚实"等列为2020年国家全面实现小康社会的重要指标。为推动中国经济的跨行业、跨业态等产业融合发展,国家各部委纷纷出台政策文件予以积极推进,为文化创意产业提供了良好的宏观政策环境。2012年,《国家文化科技创新工程纲要》中提出要加强文化科技创新,增强文化领域自主创新能力和文化产业核心竞争力,推动文化产业成为国民经济支柱性产业。2014年,国务院发布了《关于推进文化创意和设计服务与相关产业融合发展的若干意见》,首次全面提出促进文化与实体经济深度融合,提出将文化创意设计与相关产业的融合推动作为加快文化产业发展最为重要的着力点。在新的社会发展时期,加快推进文化创意产业的发展,有利于重塑创新体系、激发创新活力、培育新兴业态和创新公共服务模式,对推进大众创业、万众创新和增加文化产品消费、文化产品服务"双引擎",主动适应和引领经济发展新常态,形成经济发展新动能,实现中国经济提质增效升级具有重要意义。

3. 文化创意产业提升城市形象和文化品位

文化是一个城市的灵魂和内在特质,能否引领文化发展潮流是一个城市进步与否的重要标准。文化创意产业属于文化产业链发展的高端,它与和文化艺术密切相关的电影、电视、平面媒体等视觉艺术、音乐与表演、文化展览以及工艺美术等一起显著影响市民的文化生活品位。一个好的非遗文化创意产品，能够提升一个地区、一个城市的关注度，带来旅游、会展、商业、人才等连锁回馈，从而提升城市的文化竞争力。正是非遗传统文化内涵的注入，使城市品牌得以创新和传播，产生了新的意义。① 文化创意产业自身具有独特的文化属性，不但能够拉动经济快速增长，而且对其的推动和发展更有助于城市文化软实力的增强，从而提高城市的整体竞争力和影响力。

文化创意产业占据价值链的高端，是文化、科技与创意的融合，是现代服务业中的高端形态，可以创造很高的产品附加值，直接增加国民生产总值，是提升城市核心竞争力的战略性主导产业。② 在发达国家，随着后工业化社会的发展和进步，包括教育、科技、文化、金融等众多领域的创意人群在城市人口中所占的比重逐渐增加。这些人喜欢到什么地方去工作就成为城市和区域发展所要考虑的首要问题。从这个意义上说，城市和区域在现代化发展进程中就会把文化、创意以及环境等因素作为一种战略考虑。经济活动的区位就是人所喜爱的区位，企业的战略和城市、区域的战略也就是人的战略。弗罗里达教授在 2002 年将美国有创造力的人在区位选择方面的结果作为证据，说明过去是公司区位吸引了人，现在是有创造力的人吸引公司。公司将会搬到有创造力的人乐意居住的地方。他的研究表明，在美国有创造力的人喜欢住在技术（technology）、人的才能（talent）和宽松愉悦的环境（tolerance）三因素（即所谓"3T"）排名很高的城市。城市要从高效率城市向具有创造力的城市提升，而宜人的快乐的环境，即时尚的文化生活环境就是创意城市的必需。如此看来，文化产业就自然地和创意产业交融在一起。③

文化创意产业不仅保留了具有历史文化价值的建筑，整合了各种文化资源，而且通过历史与未来、传统与现代、经典与流行的交叉融汇，为城市增添了历史与现代交融的文化景观，并提升了城市的形象与品牌，促进了旅游业的发展。④ 文化创意产业不仅可保留城市具有历史文化价值的建筑，而且通过传统与现代、经典与流行的交叉融汇，可为城市增添历史与现代交融的文化景观

---

① 翁昌寿.文化竞合：华语文化创意产业特色与路径[M].北京：北京大学出版社,2013:137.

② 应晓清.大力发展文化创意产业、提升宁波城市竞争力[J].浙江工商职业技术学院学报,2013(2):2.

③ 王安正,成娟.我国发展创意产业的条件及策略[J].商业时代,2007(4):86.

④ 厉无畏,等.创意产业：转变经济发展方式的策动力[M].上海：上海社会科学出版社,2008:54.

（见图1-2）。通过先进文化创意产业生产与发展的引领作用，可以提高城市的文化形象和文化品位。由于文化创意产品的消费一般带有一定的文化体验，这种体验增强了城市的亲切感，在无形中令城市品牌得到了更大范围和更深程度的推广，促使文化创意产品与城市形象都得到良性的互动增值。①

图1-2　宁波市莲桥街商业文化街区

4. 文化创意产业创造就业机会

创意产业对就业的贡献巨大，一方面创意产业包含的专业领域比较广泛，能容纳大量的劳动人口；另一方面，通过发展创意产业而形成的一些新型产业，可以为社会提供大量新的就业岗位。据统计，在欧洲的音乐之都维也纳，在创意产业领域工作的人员已达10万人，这几乎是维也纳就业人数的14%，也占整个奥地利创意产业就业总人数的40%。② 创意产业的发展已经超越了一般的经济层面，有着更深刻的自然和社会意义，促进了人与自然、经济、社会系统的和谐发展。因此，有学者认为，创意产业发展的真正意义不在于创造了多少财富，增加了多少就业机会，而在于创意产业对整个社会的改造和更新。作为文化产业大国和创意产业主导大国，美国发展文化创意产业的目标明确，

---

① 郑彦松,高长春.发展文化创意产业提升城市竞争力[J].现代商业,2014(16):66-67.
② 厉无畏,等.创意产业:转变经济发展方式的策动力[M].上海:上海社会科学出版社,2008:54.

重点扶持电影、电视、家庭录像、商用软件、娱乐软件、图书、音乐和唱片等产业,在引导产业发展中重视建立创意市场竞争体系,强调产业链的形成和集聚效应的发挥,已经形成了一系列创意产业发展集群。如果把美国的整个经济领域分成三个部门——创意部门、制造部门和服务部门,然后再把部门工作者的工资和收入都加起来,那么创意部门(即创意产业集群)工作者人数占美国就业人数的 30%,而工资收入几乎占据了美国所有工资收入的一半——将近2 万亿美元,差不多是生产和服务部门工资收入之和。①

文化创意产业的发展主要依赖于科技、人力与智力资源,有一定的硬件设施和社会资本投入即可发展之,但其需要覆盖各个层面的技术人员和从业人员。作为当前文化产业价值链的高端产业,文化创意产业间接制造出的工作机会大大超出了其产业本身,因此,发展文化创意产业对于解决当前的社会就业和提供就业岗位等问题意义重大。宁波非物质文化遗产创意产业化的发展同样将会增加更多的就业机会与就业岗位,完善社会劳动力市场。同时,各个创意产业园区、传承基地及传承人等通过非遗传承人、技术人员的影响力开设相关非遗项目的职业教育,提供创意文化产业职业等级考核,可以提高相关非遗从业者的专业水准,吸收更多非遗专业人员就业。

概括所述,文化创意产业(Cultural and Creative Industry)的发展承载着文化和经济价值的双重属性,文化价值是整个产业生产过程中的核心,决定着文化产品在传播过程中的实用、审美与收藏等作用,影响着整个文化产品的市场化发展趋势。非物质文化的价值是区别于传统普通生产的根本,更是文化创意扩大再生产的重要源泉,体现着区域民族的非物质文化遗产的社会地位和作用。从产业经济和区域经济发展角度来看,经济价值是文化创意产业生产的目的,是民族国民经济发展的重要检验标准,是衡量一个地区产业结构科学性的佐证,代表着文化产业以及文化创意产业在世界范围内的综合经济实力。文化创意产业作为国家成功发展的标志,已经为今天社会所普遍接受和承认,而文化创意产业所占国民经济的比重,更是衡量一个民族国际地位的重要参考。②

① 理查德·弗罗里达.创意经济[M].方海萍,魏清江,译.北京:中国人民大学出版社,2006:30.
② 周光毅.中国文化创意产业的发展现状与问题研究[J].艺术百家,2015(3):76.

第二节　国内外文化创意产业发展概况

调整经济发展结构,转变经济发展方式是当前世界各国经济发展的新方向,其中创意产业已经成为发达国家发展的新引擎,而美国、英国、德国、日本等国创意产业发展在国际上处于领先地位,其创意产业的发展阶段及水平,值得我们去关注、研究和学习。

一、国外文化创意产业发展概况

(一)美国

美国是最早将文化作为市场项目来运作的国家,其坚持以市场为主导的方针推动着文化产业获得空前成就。近百年以来,其完备的市场经济体制和不断扩张的产业发展策略创造了领军全球的文化产业。美国政府重视文化却不包办文化,把文化当文化办(免税)而非当"产业"办,尤其行之有效的是通过立法为文化事业免税、吸金,直接鼓励个人、动员社会,群策群力"共建"精神文明。美国政府不设文化部,但美国文化却风行天下,奥秘何在? 早在 1913 年美国就开征所得税,而从 1917 年开始即对所有的"慈善"捐款免税。这部税法有一个著名的"501c3"条款,它定义且规定了非营利公益组织可接受减税捐赠,由此造就了在政府和企业之外庞大的"第三部门"的崛起,奠定了美国文化的长盛不衰。①

美国文化创意产业无论是在经济发展程度,还是在产业完善度方面均位居世界发达国家前列。之所以能成为文化创意产业领路人,这主要得益于美国文化创意产业的发展模式,即多元化融资模式。从美国文化创意产业融资层面上来看,政府的财政直接融资较少,通常采取的是一种"杠杆方式",以多主体融资为主要投资模式,促进产业可持续发展。现有的融资方式当中主要包括民间融资、引入外来投资以及其他资金来源等。民间融资在美国文化创意产业中的应用已经较为成熟,其中典型的案例包括迪士尼乐园、好莱坞环球影城以及百老汇等。而其他的资金来源则是美国联邦政府建立的国家艺术基金会,辅以财政补贴,引导银行资金投向文化创意产业。

文化创意产业是在世界经济进入知识经济时代这一背景下发展起来的一

---

① 朱子庆.文化产业化应有度、政府支持不应变包办[N].羊城晚报,2013-10-30(A6).

种推崇创新、推崇个人创造力、强调文化艺术对经济的支撑与推动的新兴产业。美国的文化产业很早就明确了其创意经济的定位,并将创意经济定位为缔造文化产业的核心。从当前世界文化产业发展和运行的规律和经验来看,文化产业的核心价值是人的创意,创意的商业价值是难以穷尽的,创意的驱动力也是非常强大的。因此,许多英美学者认为:"只有创造力是无法模仿的,创造力是最高端的宝贵资源。"近几年来,美国文化产业的经营总额高达几千亿美元,占到了美国 GDP 的 18%～25%;其电影、音像等视听产品出口额仅次于航空航天工业,成为利润最大的行业之一;在全美最富有的 400 家企业中,从事文化产业的企业有 72 家;在全球 500 强企业中,美国的时代华纳、迪士尼、维亚康姆、新闻集团等都是典型的文化企业,而仅这几家公司的年收入额之和就超过了 1000 亿美元;从事文化艺术及其相关产业的人员达 1700 多万人。[①]

（二）英国

英国政府近 30 年以来始终按照"大文化"的理念,改革政府文化管理机构,合并管理职能,扩大管理范围。1992 年,梅杰政府将原先分散隶属于艺术和图书馆部、环境部、贸工部、就业部、内政部、科教部等 6 个部门的文化职责集于一部,成立了国家文化遗产部。1997 年,英国布莱尔政府将国家文化遗产部更名为文化、传媒和体育部,内设"创意产业工作组",下设创意产业出口、设计合作、文化遗产与旅游和表演艺术国际发展组织等 4 个机构,由首相亲自担任工作组主席,由文化、传媒和体育部与贸易和投资部的官员担任分设机构的领导职务,文化、传媒和体育部也成了英国创意产业最重要的政府管理部门。至此,英国创意产业形成了由中央政府纵向管理与地方政府和非政府部门横向管理相结合的管理体制。1998 年,英国文化、传媒和体育部制定了创意产业发展计划,并将 13 个部门列为重点发展和扶持的对象,包括广告、建筑、艺术和古董市场、手工艺、设计、时尚设计、影视、休闲互动软件、音乐、演出艺术、出版、软件和计算机服务、电视和广播。2011 年,卡梅伦联合政府成立了全国性的创意产业委员会,负责组织协调指导全国创意产业发展,包括制定产业政策,规划产业发展蓝图、预算和划拨产业资金等。各级地方政府相应地成立了本级创意产业组织领导机构。[②] 实践证明,对文化集中统一管理,避免了各部门间在发展文化过程中相互牵制甚至相互推诿扯皮的现象。

---

① 司晴川. 文化创意产业在美国发展的路径及经验[J]. 学习月刊,2014(8):30-31.
② 缪学为. 英国创意产业发展的经验与启示[J]. 人文天下,2015(21):28-33.

从英国 2015 年创意产业评估报告可以看出,英国从 2011 年起创意产业的增加值明显高于英国经济总增加值,同时服务业出口中英国的创意产业增加值在 2010 年和 2012 年均出现了较大的增长。英国创意产业在 2013 年实现了 171 万的就业人口,占英国总就业人口的 5.6%;实现了 76.9 亿英镑的总产值,占英国经济的 5.0%。① 根据英国文化、传媒和体育部提供的数据,英国的创意经济 GVA(Gross Value Added,增加值总额)占 GVA 的比重为 2.89%,达 363 亿英镑,远高于其他产业。

(三)德国

一直以来,化工业、制造业都是德国这个老牌工业国家的产业支柱,随着全球文化生活水平的提高和经济结构的升级,文化创意产业在德国经济中的地位开始日益凸显,并保持着良好的发展势头。德国创意产业由多部门综合而成,在总增加值上与农业或者能源部门相比有更大的作用,但是这一点直到 2005 年才被广泛认识到。2007 年,在德国担任欧盟轮值主席国之初,德国联邦政府就将文化和创意产业设置为在柏林举行的欧洲文化部长非正式会谈中的一项议题。

2007 年 10 月,德国联邦政府公布"文化创意产业倡议",提出增强公众对文化产业重要性的认识、挖掘文化产业增长和就业潜力、提高文化产业竞争力和国际影响力的三点倡议,成为德国文化产业支持政策的总纲领。2009 年 11 月,德国政府成立文化创意产业事务中心,除了为文化创意公司、初创公司、自由职业者提供关于设立新公司、公司经营、市场行情等方面的政策咨询服务外,还定期邀请文化企业高管、政府官员、专家学者参加论坛和研讨会,搭建文化企业经营者之间及文化企业经营者与学界、政府之间沟通交流的平台。②

在德国,2004 年创意产业就实现年营业额 1170 亿欧元,产生了 580 亿欧元的总增加值,占国民生产总值的 2.6%。2006 年度文化产业大会公布的数字显示,2004 年的增加值比前一年增长 4.4%,这是德国全部经济成分增长速度的 3 倍。③ 德国的文化创意产业大约有 21 万家企业,员工人数将近 100 万。据德国联邦经济部估计,文化创意产业每年实现足足 1250 亿欧元的营业额,

---

① 仇景万.英国创意产业发展对我国创新驱动发展战略的启示[J].现代管理科学,2016(5):73.

② 联文.德国:针对性政策为文化创意产业护航[N].中国文化报,2016-07-18(3).

③ 贝恩德·费瑟尔,迈克尔·松德尔曼.德国:文化和创意产业发展报告[EB/OL].(2012-08-09)[2016-06-06].http://wzb.mof.gov.cn/pdlb/tszs/201208/t20120809_674364.html.

而且这一数值还在呈上升趋势。根据德国联邦经济技术部发布的《文化与创意产业调查报告》,2006 年德国文化与创意经济的增加值为 610 亿欧元,占国内生产总值 2.6%;2008 年,德国文化与创意经济的增加值达到 630 亿欧元,销售收入高达 1320 亿欧元,仅次于国内大型民族产业机械制造业和汽车产业;2011 年,德国文化与创意经济的增加值为 630 亿欧元,创造的产值超过 1430 亿欧元,可与汽车产业、机械制造业以及化工产业相媲美,文化创意产业成为名副其实的朝阳产业。[①]

(四)日本

在日本,创意产业更倾向于文化产业和服务产业,也被称为感性产业,主要包括制造产业、休闲产业和时尚产业(见表 1-1)。其中,深受我国广大青少年喜爱的日本动漫产业在其文化产业中具有举足轻重的地位。

表 1-1　日本创意产业分类

产业类型	制造产业	休闲产业	时尚产业
分类	1. 个人电脑、工作站、网络 2. 电视 3. 数码影像信号发送 4. 数码影像处理 5. 多媒体系统构建 6. 录像软件 7. 音乐录制 8. 书籍杂志 9. 新闻 10. 汽车导航	1. 学习休闲 2. 鉴赏休闲 3. 运动设施、学校、补习班 4. 体育比赛 5. 国内旅游 6. 电子游戏 7. 音乐伴唱	1. 时尚设计 2. 化妆品

资料来源:胡珊.日本文化创意产业的发展经验与启示[J].时代经贸,2008(S6):98.

1996 年,日本文化厅正式提出《21 世纪文化立国方案》,标志着"文化立国"战略的启动。2001 年,日本政府全力打造知识产权立国战略,明确提出 10 年内把日本建成世界第一知识产权国。自日本实施"文化立国"的战略以来,政府一直积极发展创意产业,以动漫、游戏、音乐等为主体的创意产业快速发展,不仅推动了国内经济的迅猛发展,同时也带动了相关产业与行业的发展。2004 年,日本又制定《关于促进创造、保护及应用文化产业的法律案》以及《文化产品创造、保护及活用促进基本法》,规定了国家、地方政府、公共团体都有义

---

① 闫凌燕,吴萌.德国文化创意产业对天津滨海新区发展的启示[J].环渤海经济瞭望,2013(8):50.

务积极推动扶持创意产业的发展。2007年5月,日本政府组织下的亚洲前景战略会议委员会通过的《日本文化产业战略》,成为日本文化产业的纲领性文件。

日本是亚洲创意产业最为发达的国家。根据日本《数据内容白皮书2005》统计,2004年前后,全球创意产业的生产总值为125万亿日元,其中美国为55万亿日元,占44％;欧盟、中东地区41万亿日元,占33％;亚洲地区25万亿日元,占20％。亚洲国家中日本贡献最大,约为13万亿日元,占亚洲地区总产值的一半以上。[①]

二、国内城市文化创意产业发展概况

学习借鉴经济发达国家的创意产业成功经验,大力发展中国的文化创意产业,逐步提高文化创意产业在经济增长中的比重,提高其吸纳劳动力就业的能力,是实现我国创新驱动发展战略、实现结构性改革和打造新引擎的主要方向。2006年8月,《国家"十一五"时期文化发展规划纲要》出台,"文化创意"这个概念首次在中央文件中被正式提及。至今,文化创意产业在我国的发展已经历了一个阶段。当前,在中国调整经济结构、转变经济发展方式的大背景下,文化创意产业成为文化建设中不可缺少的一部分。北京、上海、浙江、广东、云南、重庆、四川、河南、山西等诸多省、市提出建设文化大省、文化强省的战略任务和目标。在国家一系列政策的扶植和推动下,文化创意产业呈现井喷式增长,以文化创意、知识产权和高科技为核心内容的文化创意产业在我国许多城市发展迅速。在这个发展过程中,出现了北京、上海、深圳和杭州这样的文化创意产业城市第一方阵,同时,广州、天津、南京、苏州、青岛、厦门、宁波等一系列第二方阵城市文化创意产业的发展也产生了较大规模效应。

（一）北京

北京是展示中华民族优秀传统历史文化和现代文明的窗口,也是我国文化人才、文化设施、文化企业总部和文化产业资本最集中的地区,具有发展文化创意产业的雄厚基础和绝佳条件。为发展文化创意产业,北京市政府先后出台了《北京市促进文化创意产业发展的若干政策》《北京市文化创意产业分类标准》《北京市文化创意产业发展专项资金管理办法(试行)》《北京市文化创意产业集聚区认定和管理办法(试行)》等政策文件。"十一五"期间,北京文化创意产业发展迅速,已成为仅次于金融业的第二大支柱产业。2006年至2009

---

①　胡珊.日本文化创意产业的发展经验与启示[J].时代经贸,2008(S6):98-99.

年,北京市文化创意产业增加值年均增长 21.9%。2009 年,北京市文化创意产业实现增加值 1489.9 亿元,占全市地区生产总值的 12.3%,从业人员 114.9 万人。"十二五"期间,北京市文化创意产业发展势头迅猛,并形成了以 30 个市级集聚区为载体,带动区县集聚区发展的文化创意产业空间发展模式。底蕴深厚的历史文化资源不仅让北京彰显古都魅力,也使文化创意产业成为首都经济新的增长极。

在文化和国际交流方面,北京文化软实力日益增强,相继举办了中国北京国际文化创意产业博览会、北京国际电影节、北京国际图书节、北京国际设计周、海峡两岸文化创意产业展、文化创意产业集聚区论坛、动漫游戏产业发展国际论坛等多项国际活动,成功入选成为联合国教科文组织评选的世界设计之都。北京市自 2006 年起共认定了 30 个市级集聚区,涵盖了全市 16 个区县及文化创意产业 9 大领域。据统计,2010 年,北京市文化创意产业实现增加值超过 1000 亿元,占生产总值的比重连续 5 年超出 10 个百分点,从而成为经济发展的重要支柱产业。截至 2013 年年底,30 家市级集聚区内的 742 家规模以上文化创意产业法人单位,共实现收入 1407.8 亿元,占全市规模以上文化创意产业总收入的 14.0%;从业人员达到 14.8 万人,占全市比重 14.1%。[①] 北京的大山子艺术区依托于北京朝阳区酒仙桥路 798 工厂的老厂房,利用现有建筑既创造了创意产业发展的平台,又保护了历史文化,是文化产业与工业历史建筑保护、文化旅游相结合,建筑价值、历史价值、艺术价值和经济价值相结合的良好典范。画家村宋庄、高碑店民俗文化创意产业园、东方书画研究院、陈式太极武术馆、香堂文化新村等都是北京文化创意产业的特色与典范。

(二)上海

2005 年 1 月 8 日,上海创意产业中心经上海市经济和信息化委员会、上海市社团局批准设立,正式挂牌运行,成为从事推动上海创意产业发展的专门机构。10 余年来,上海创意产业中心充分发挥全社会创意产业资源优势,积极配合政府制定上海创意产业发展规划及策略,强化导向、构筑平台、推动集聚、形成体系,发挥中心的综合性平台作用、调动各创意产业企业和机构与创意人才的积极性,整体推进上海创意产业发展。2014 年 9 月,上海市研究制定《上海市文化创意产业园区管理办法(试行)》,对原 50 个市级文化产业园区

---

① 北京市文化创意产业功能区建设发展规划(2014—2020 年)[EB/OL]. (2014-05-26)[2016-06-06]. http://zhengwu.beijing.gov.cn/ghxx/qtght1358290.htm.

和 87 个创意产业集聚区进行整合,在原有园区评定基础上提出新标准,规范园区建设和管理,全年分两批次,评定授牌 106 个"上海市文化创意产业园"。2015 年年初,上海市发布《上海市政府关于贯彻〈国务院关于推进文化创意和设计服务与相关产业融合发展的若干意见〉的实施意见》(沪府发〔2015〕1号),紧扣"融合发展"主线发展文化创意产业,将"融合发展"提升为上海文化创意产业发展的一个关键词。

上海市政府部门还把发展创意产业作为推动新一轮经济发展和建设先进文化的重要举措,先后组建了泰康路艺术街、天山路时尚产业园等 10 余个创意产业园区。目前,上海已初步形成 18 个各具特色的创意产业基地,这些创意产业基地大多建在上海的老工业建筑内,仅上海第十二毛纺厂的旧厂房注册的广告公司就达 122 个。创意产业的蓬勃发展不仅提高了上海在国际上的竞争力和影响力,还带动了杭州、南京等周边城市创意产业的迅速发展。

据 2014 年上海文化产业发展报告显示,2013 年上海文化产业实现增加值 1387.90 亿元,同比增长 8.1%,增幅高出同期地区生产总值 0.4 个百分点,占地区生产总值的比重达 6.4%;文化创意产业实现增加值 2500.00 亿元,同比增长 10.1%,占上海全市 GDP 比重约为 11.5%;文化相关产品生产实现增加值 388.06 亿元,占文化产业增加值的 27.7%,同比增长 6.9%。其中,文化产品生产的辅助生产增加值为 130.25 亿元,同比增长 6.8%;文化用品的生产增加值为 195.87 亿元,同比增长 6.7%;文化专用设备的生产增加值为 61.94 亿元,同比增长 7.5%。[1] 2014 年,上海文化创意产业增加值占上海全市 GDP 比重超出 12%,提前一年完成"十二五"规划目标。文化产业已经成为上海的支柱性产业之一,成为"创新驱动发展、经济转型升级"的重要力量。

(三)杭州

杭州市作为全国文化创意产业中心、首批 16 个国家级文化和科技融合示范基地之一,其文化创意产业发展迅速。杭州市在借鉴国内外的经验与结合自身实际情况的基础上,把文化创意产业定义为:以创意与文化为基础、以知识产权的形成与应用为载体、以创造财富与增加就业机会为目标的产业集群。杭州文化创意产业发展始于 2005 年,在《杭州十大文化产业发展规划(2005—2010 年)》中提出,"创意产业"要成为"杭州文化的支柱产业"。2007 年,杭州

---

① 2014 年上海文化产业发展报告[EB/OL]. (2015-01-28)[2016-06-06]. http://shcci. eastday. com/c/20150128/u1ai8558349. html.

市第十次党代会首次提出"文化创意产业"这一概念,确立将杭州打造成"全国文化创意产业中心"的战略。2008 年以来,杭州市陆续出台了《杭州市委市政府关于杭州市打造全国文化创意产业中心的若干意见》《杭州市文化创意产业投资导向目录》《杭州市文化创意产业发展规划》《杭州市文化创意产业专项资金管理办法》等一系列政策措施,营造了一个文化创意产业发展的良好环境,也为杭州文化创意产业的发展提供了指导和政策导向。

自 2002 年 LOFT 49 创立以来,杭州市已经创建了一批较为成熟的文化创意产业园区(基地),其中国家动画生产基地 2 个、国家动画教学研究基地 3 个、国家文化产业示范基地 5 个,市级文创园区有白马湖生态创意城、之江文化创意园、嘻嘻创意产业园等 16 个,杭州文化创意产业园区开始蓬勃发展。据统计,2008 年,杭州创意企业的法人单位数达 23581 个,创意企业的就业总人数为 380286 人,平均每个创意企业的就业人数为 16.13 人;创意企业的资产总额达 6788.79 亿元,营业收入总额 1275.06 亿元。截至 2011 年年底,杭州市 16 家市级文化创意产业园区集聚企业 2642 家,实现营业收入 67.12 亿元,就业人数达 59782 人,完成招商引资额达 14.83 亿元。[1]

目前,杭州以之江文化创意园、西湖数字娱乐产业园、西湖创意谷、运河天地文化创意园、创意良渚基地、杭州创新创业新天地、西溪创意产业园、湘湖文化创意产业园、白马湖生态创意城、下沙大学科技园等十大园区为主平台,不断丰富全市文化创意产业的空间布局,逐步建成了"两圈集聚、两带带动"的文化创意产业空间新格局。据杭州文化创意产业发展报告显示,2012 年,杭州的文化创意产业增加值达 1060.70 亿元,占全市 GDP 的 13.59%,结构比重首次超过北京、上海,文化创意产业已成为杭州的重要支柱产业之一。2013 年,杭州市文化创意产业保持平稳较快增长,据测算,实现增加值 1359.51 亿元,增长 18%,高于全市 GDP 增速 10 个百分点。2014 年杭州市文化创意产业创造了 1607.27 亿元的产业增加值,GDP 占比达到 17.4%;规模以上文化创意企业单位资产总额达 4347.56 亿元;拥有从业人员 33.68 万名,规模以上文化创意企业达到 3183 家。可以说,杭州的文化创意产业在近年来取得了骄人的成绩,在很多方面都走在了全国前列。[2]

---

[1]　徐炯.杭州文化创意产业发展分析及创意产业园区建设策略[D].杭州:浙江工业大学,2015:16-23.

[2]　王青青,王瞻.新常态下文化创意产业发展新路径探索——以杭州西溪为例[J].环球市场信息导报,2016(2):51.

（四）青岛

青岛市鼓励文化创意产业发展,1999 年 7 月,青岛市制定了《青岛市文化创意产业发展规划》,这是青岛市第一个文化创意产业发展规划。为完善文化产业政策体系,青岛市又先后制定了《关于开展文化金融合作,推动文化创意产业跨越式发展的指导意见》、文化产业基金及文化创意产业贷款风险补偿金管理办法等一系列文化金融政策,有力地推动了青岛市文化创意产业的快速发展。特别是在 2008 年,青岛市政府出台扶持文化创意产业的重要政策《青岛市文化创意产业发展专项资金管理暂行办法》标志着青岛将文化创意产业发展列为新的经济增长点。青岛市政府部门从 2008 年开始正式对文化创意产业进行扶持,每年拨款 5000 万元,建立了文化创意产业扶持资金,鼓励青岛市文化创意产业的发展。

目前,青岛市有 1 个国家文化产业示范基地,即位于市北区的青岛市文化街;1 个山东省文化产业示范园区,即位于市南区的青岛国际动漫游戏产业园;11 个山东省文化产业示范基地、5 个山东省文化产业重点园区、9 个青岛市文化创意产业园区。2011 年,青岛文化创意产业增加值达到 510 亿元,同比增长 20%,占生产总值的比重达 7.7%,创意产业增加值突破 200 亿元进一步奠定了其国民经济支柱产业的地位;全市文化创意企业达 1.6 万家,从业人员超过 60 万人,其中民营文化企业超过 1 万家;建成文化创意产业园和基地 26 个,总投资 156 亿元;建成特色文化街区 18 条,集聚商家 6000 余家,年经营额超百亿元。[①] 青岛的 26 个文化创意产业园区和基地,如:创意 100、1919、中联 U 谷·2.5 创意产业园区等,为青岛的文化创意产业发展做出了重要贡献。[②] 据 2012 年青岛文化创意产业发展报告显示,青岛市文化创意产业增加值 2006 年为 193 亿元、2007 年为 241 亿元、2008 年为 295 亿元、2009 年为 370 亿元,分别增长 23.4%、15.7%、18.3%、15.7%;全市文化创意产业增加值占 GDP 比重逐年增加,分别为 2006 年占 6.03%、2007 年占 6.15%、2008 年占 6.6%、2009 年占 7.5%。2010 年至 2013 年,青岛市文化创意产业增加值平均增速达到了 17.8%。2013 年,青岛市文化创意产业增加值为 715.3 亿元,占全市生产总值的比重达到了 6.7%,对经济增长的贡献率达到了

---

① 马达.青岛文化创意产业发展报告(2012)[M].北京:社会科学文献出版社,2012:2.

② 王欣,王勇森.创意城市蓝皮书——青岛文化创意产业发展报告(2012)[J].走向世界,2013(11):53.

13.3%；2014年青岛市的年度文化创意产业增加值则突破了800亿元。①
2015年，青岛市成功入选"东亚文化之都"，青岛的文化建设开始逐步上升到
国家文化战略层面。随着建设"文化青岛"、打造文化强市等一系列举措的实
施，文化创意产业逐渐成为青岛市的支柱性产业之一。

（五）厦门

厦门注重保护和传承闽南文化生态，维护和创新歌仔戏、南音、高甲戏等
传统民间艺术，发展保生慈济文化、福德神文化、妈祖文化等民俗文化旅游，开
发古宅村落、土楼建筑、乡土风情文化等，拥有国家级非物质文化遗产名录代
表作11项，省级17项、市级25项。厦门政府部门通过实施"政府引导、多元
投入"的发展模式，通过核心园区的示范带动和政策支持，建设专业化定位的
龙山文化创意产业园、湖里文创园区作为闽台（厦门）文化产业园、沙坡尾海洋
文化创意港等文化创意产业园，重点文化产业园区集聚效应明显。例如，2015
年厦门龙山文化创意产业园共投资约3亿元，改造厂房17幢，面积近13万平
方米，入驻企业超过260家，产值近百亿元。

厦门市委、市政府把文化创意产业列入厦门市六大战略性新兴产业，在组
织领导、协调机制、文化体制改革、政策扶持、平台建设等方面，探索、实践形成
了一套适合厦门文化创意产业发展的特色和经验，先后出台了包括《厦门市促
进文化产业发展若干政策》《关于推动我市动漫产业发展实施意见的通知》《厦
门市文化产业基地和文化产业集聚区认定暂行办法》《厦门市重点文化企业认
定暂行办法》《厦门市动漫产业发展资金管理办法》《厦门市文化产业发展专项
资金管理办法》等政策，鼓励扶持文化创意产业的发展。发展文化创意产业是
建设"美丽厦门"文化提升行动中的重要路径方法，也是实现厦门推进产业转
型、城市转型和社会转型的重要结合点。"十二五"期间，厦门市文化创意产业
逐渐形成自身的特色，呈现良好的发展态势，保持较快的增长速度，年均增长超
过15%，产业增加值占全市GDP的比重稳步提升，已经成为厦门经济社会发展
的重要支柱。2014年，厦门市文化创意产业实现增加值280亿元，增速为13%，
占GDP比重超过8%，2015年超过320亿元，文化创意产业已经成为厦门市经
济发展的支柱性产业，对厦门市经济社会发展的贡献率进一步提高。②

---

① 王晓雨.青岛设立文化创意产业投资基金[N].青岛晚报,2015-07-02(A6).
② 林宗宁.厦门市文化创意产业发展现状和转型升级对策[EB/OL].（2015-11-05）
[2016-06-06]. http://fj. people. com. cn/n/2015/1105/c370304-27024060.html.

第二章　宁波文化创意产业市场发展背景分析

　　2014年3月,国务院出台《关于推进文化创意和设计服务与相关产业融合发展的若干意见》,明确了文化创意和设计服务与装备制造业、消费品工业、建筑业、信息业、旅游业、农业和体育产业融合发展的重点任务,标志着文化创意和设计服务与相关产业融合发展已经成为国家战略。在此背景下,要提升宁波非物质文化创意产业水平和整体实力,就必须推动具有浙东文化特色的宁波元素与现代设计有机结合,形成有宁波区域文化特色的创意设计发展路径;促进宁波非遗创意设计与现代生产生活和消费需求对接,拓展大众消费市场;坚持保护传承和创新发展相结合,发掘地方文化元素,突出地域特色,拓展非遗文化创意产业市场,在文化保护多样性和独特性的基础上,促进对地方文化、戏曲、传统技艺、工艺美术业等宁波非遗项目的传承和保护工作全面健康发展。

第一节　宁波文化创意产业的构成及发展

一、文化产业行业分类及发展趋势

　　根据国家统计局2004年颁布的《文化及相关产业分类(2004)》的界定,文化及相关产业是指为社会公众提供文化、娱乐产品和服务的活动,以及与这些活动有关联的活动的集合,并将其划分为核心层、外围层和相关层;2012年9月国家统计局又修订和印发了《文化及相关产业分类(2012)》,将文化及相关产业定义为:为社会公众提供文化产品和文化相关产品的生产活动的集合,分为文化产品的生产和文化相关产品的生产两个部分,新闻出版发行服务、广播电视电影服务、文化艺术服务、文化信息传输服务、文化创意和设计服务、文化休闲娱乐服务、工艺美术品的生产、文化用品的生产、文化产品生产的辅助生产、文化专用设备的生产共 10 个大类,以及新闻服务、广播电视服务、出版服务、文化遗产保护服务、会展服务、工艺美术品的制造等 50 个中类和新闻业、图书出版、广播、电视、广告业、博物馆、雕塑工艺品制造、漆器工艺品制造、抽纱刺绣工艺品制造、文物及非物质文化遗产保护等 120 个小类。与《文化及相关产业分类(2004)》相比,《文化及相关产业分类(2012)》在文化创意类型中有明显修订和调整,第二层的大类由原来的 9 个调整为 10 个,新增文化创意和设计服务、工艺美术品的生产、文化产品生产的辅助生产等 3 个大类,明显地增加了文化创意和具有文化内涵的特色产品的生产(见表 2-1),而这些增加内容均与非物质文化的创意和设计有着较大的内在联系,也给非物质文化遗产的创意产业化指明了发展的空间和方向。

表 2-1　《文化及相关产业分类(2012)》活动类别修改内容

增减内容	类别	具体活动类别
增加内容	文化创意	建筑设计服务(指工程勘察设计中的房屋建筑工程设计、室内装饰设计和风景园林工程专项设计)
		专业设计服务(指工业设计、时装设计、包装装潢设计、多媒体设计、动漫及衍生产品设计、饰物装饰设计、美术图案设计、展台设计、模型设计和其他专业设计等服务)
	文化新业态	数字内容服务中的数字动漫制作和游戏设计制作
		其他电信服务中的增值电信服务(文化部分)
	软件设计服务	多媒体软件和动漫游戏软件开发
	具有文化内涵的特色产品的生产	焰火、鞭炮产品的制造
		珠宝首饰及有关物品的制造、销售
		陈设艺术陶瓷制品的制造等
	其他	文化艺术培训、本册印制、装订及印刷相关服务、幻灯及投影设备的制造和舞台照明设备的批发等
减少内容		旅行社、休闲健身娱乐活动、教学用模型及教具制造、其他文教办公用品制造、其他文化办公用机械制造和彩票活动等

资料来源:中华人民共和国国家统计局:文化及相关产业分类(2012)[EB/OL]. (2012-07-31)[2016-06-06]. http://www.stats.gov.cn/tjsj/tjbz/201207/t20120731_8672.html.

就文化产业经济影响指数而言,其主要度量文化产业对当地经济贡献大小,或者说,当地经济发展对文化产业的依赖性大小。根据经济增长贡献率的计算公式,数值的高低取决于文化产业增加值增量相比当地GDP 增量的大小。数值较高,则文化产业对当地经济增长贡献较大,反之则相反。根据 2014 年中国文化产业指数发展报告显示,2012 年在中国31 个省区市中,有 4 个地区的文化产业贡献率大于 10%,分别为北京(15.40%)、黑龙江(10.24%)、江苏(10.86%)和河南(11.35%);河北、吉林、上海、浙江、山东、湖南、福建、江西、广西、四川和陕西等 11 个地区的文化产业贡献率为 5%～10%;另除西藏外,内蒙古、安徽、甘肃、青海、宁夏和新疆共 6 个地区的经济贡献率低于 3%,且它们均是中西部地区。[①] 据 2016 年中国文化创意产业发展报告,2013 年中国文化产业增加21351 亿元,与 GDP 的比值是 3.63%。从增速的情况看,应该说从"十二五"以来,文化产业的增长速度是逐年降低的。2014 年以来,随着中国经济进入"三期"叠加阶段,政府逐渐降低对市场的宏观调控,政策的效益呈现递减趋势,产业发展政策从政府转向市场,发展速度下降,实际上我国文化创意产业发展越来越显示出在经济发展的各个方面要走向与实体经济融合的道路。

当前,文化及其相关产业在各国经济发展中的地位越来越重要,美国、英国、日本的创意文化产业占 GDP 的比重约为 15% 到 25% 之间。[②] 而我国的2016 年文化产业增加值仅为 30254 亿元,占 GDP 的比重为 4.07%,还不到5%。[③] 面对这样一种产业发展困境,我们必须要反思近几年来在文化创意产业发展过程中出现的形式大于内容等种种不合理的现象,应该认识到文化创意产业利润国际化的特殊方针,而那种只顾在国家环境内盲目追求文化产业产值的倾向,不但不能改变我国经济产业发展的总体结构,甚至还会给区域发展带来资源不平衡的严重后果。借鉴发达国家文化创意产业发展的历史经验和成果,从根本上全面纠正我们发展过程中的种种错误,也是我国文化创意产业全面发展的捷径。[④]

① 胡惠林,王婧.2014 中国文化产业发展指数报告(CCIDI)[M].上海:上海人民出版社,2014:58.

② 钟群.推广文化创意产业北京将建文创产业园区[EB/OL].(2015-04-20)[2016-06-06].http://news.xinhuanet.com/local/2015-04/20/c_1115030801.htm.

③ 吕绍刚.文化产业:新的增长点[N].人民日报,2017-05-12(6).

④ 周光毅.中国文化创意产业的发展现状与问题研究[J].艺术百家,2015(3):76.

二、宁波文化产业市场发展概况

根据 2014 年国家相关部门的统计数据,我国注册文化企业数量已接近 250 万户,文化产业总产值超过 4 万亿元,占 GDP 比重超过 5%,一些经济发达省市如深圳的文化产业占 GDP 的比重已经超过 10%。2014 年,在各省市经济下行、增速发展放缓的情况下,文化产业的增速仍维持在 10% 左右,其中北京、上海等地的增速更达 16% 左右。在"十二五"期间,宁波全市文化产业增加值年均增长 13.5%,2015 年全市实现文化产业增加值 328.6 亿元,占全市 GDP 的 4.1%,文化产业增加值在总量上排名全省第二,在占比上排名全省第三,尤其是文化制造业总量在全省居于首位。

(一)文化产业主体培育成效明显,产业结构日趋合理

近些年来,围绕"文化大市""文化强市"的建设目标,宁波市政府及各级部门把文化及相关产业放在经济社会发展的重要战略位置,使得宁波文化产业整体规模和实力不断得以提升,在产业结构、发展方式、行业亮点、地域特色和发展环境上也不断深化和优化。初步形成了一批具有宁波特色的文化产业群,包括现代传媒、影视、演艺、会展、创意设计、文化旅游、动漫游戏、文化制造等;主体培育成效明显,文化法人单位机构数增加到 2.5 万多家,多家企业实现境内主板和新三板挂牌上市。宁波市文化产业总产值从 2004 年的 334.2 亿元增加到 2012 年的 1186.9 亿元。宁波市文化产业增加值从 2004 年的 73.9 亿元增加到 2014 年的 339.4 亿元,按同口径和现价计算年均增长率约 15.9%;文化产业增加值占地区 GDP 的比重也持续扩大,从 2004 年的 3.5% 增加至 2014 年的 4.5%(见表 2-2)。

表 2-2　2005—2014 年宁波市文化产业总产值和增加值数据

年份	地区 GDP /亿元	GDP 增长率 /%	文化产业总产值		文化产业增加值		增加值占地区 GDP 比重/%
			数值 /亿元	年增长率 /%	数值 /亿元	年增长率 /%	
2005	2446.4	12.5	373.1	11.6	90.8	22.9	3.6
2006	2864.5	13.4	445.3	19.4	113.9	25.4	4.0
2007	3433.1	14.8	512.2	15.0	133.0	16.8	3.9
2008	3964.1	10.1	546.5	6.7	136.3	2.5	3.4
2009	4329.3	8.9	560.4	2.5	141.9	4.1	3.4

续表

年份	地区 GDP /亿元	GDP 增长率 /%	文化产业总产值		文化产业增加值		增加值 占地区 GDP 比重/%
			数值 /亿元	年增长率 /%	数值 /亿元	年增长率 /%	
2010	5163.0	12.5	669.9	19.5	174.4	22.9	3.4
2011	6059.0	10.0	944.8	41.0	208.5	19.6	3.4
2012	6582.2	7.8	1186.9	25.6	273.9	16.2	4.2
2013	7128.9	8.1	—	—	316.9	15.7	4.5
2014	7602.5	7.6	—	—	339.4	7.1	4.5

资料来源:黄志明.宁波文化产业发展报告(2014)[M].杭州:浙江大学出版社 2014 年版。
注:2013、2014 年数据是新增加的,原书数据截止到 2012 年。

宁波文化产业的快速发展,除了已有的经济、文化优势外,更主要的是得益于政府部门对文化产业的布局、规划和政策保障。2015 年 5 月 29 日,宁波市委、市政府印发《关于推进文化产业加速发展的若干意见》,同时出台了《宁波市文化产业发展三年行动计划(2015—2017 年)》,从战略高度提出了宁波市文化产业加快发展的目标要求、实现路径和政策保障。"十二五"末,在宁波文化产业的市场发展情况、问题和趋势基础上,初步完成《宁波市"十三五"文化产业发展规划》,为宁波文化产业的加速发展指明了方向,提供了政策保障服务。

(二)文化产业蓬勃发展,成转型升级主力军

宁波市委、市政府围绕建设"文化强市"的目标和任务,把做大、做强文化创意产业作为一项战略性任务来抓,以重点产业培育为突破口,以大企业、大园区、大项目建设为载体,文化创意产业获得规模化、集约化、专业化、数字化、融合化发展。在经济新常态情况下,宁波文化产业逐步走向高端化、智能化、品牌化,成为经济转型升级主力军,文化产业引领支撑经济社会发展的作用进一步提升。"十二五"期间,宁波市文化产业在规模、质量、结构等方面不断提升和优化,加速融入经济新常态。"十二五"期间,全市文化产业增加值年均增速 13.5%,超过全市 GDP 年均增速 5 个百分点,文化法人单位机构数增加到 25856 家。至"十二五"末,全市在建重大文化产业项目 50 个,3 年内完成总投资超过 1000 亿元,文化产业成为城市经济社会转型的强大动力。[①]

---

① 周燕波,汤丹文.宁波市文化产业加速融入经济新常态[N].宁波日报,2016-03-11(A1).

（三）新兴文化业态发展迅速，产业集群经济效益凸显

"十二五"期间，宁波各类新兴文化业态发展势头良好，已初步形成了现代传媒、影视、演艺、会展、创意、文化旅游、动漫游戏等一批现代文化产业群。2010年，国内最大的创意与工业设计集聚区宁波和丰创意广场投资建成了，使宁波加快了由"制造名城"向"设计名城"转变的步伐。同时，作为宁波市最大的文化创意产业园区——和丰创意广场的产业集聚效应日益显现，开园一年就入驻企业102家。2012年，和丰设计创意总产值约3.8亿元，带动产业化规模超过380亿元。

宁波市通过建设"1235"文化工程①，重点打造十大文化发展集聚区，新建了宁波书城文化广场、创意1956等文化产业园区，完成了月湖景区、鼓楼沿、南塘老街等历史文化街区的建设。"十二五"期间，宁波国家级文化产业园区有4个，规模以上文化产业园区共有28个，已集聚企业1400多家，总产值超过42亿元。其中包括鄞州国家动漫原创产业基地、宁波和丰创意广场、宁波市国家大学科技园、宁波市软件与服务外包产业园、宁波麦中林文化创意产业园等。据统计，以象山影视城为基础成立于2010年的宁波影视文化产业区，通过将文化与旅游紧密结合，不断加快产业集聚步伐。2012年宁波影视文化产业区的游客达170万人次，经营性收入突破3800万元，先后引进浙江广电、上海石勇、宁波中邦、宁波龙泰等18家影视文化和传媒企业落户，累计注册资金3亿元，带动周边村庄实现旅游经营性收入3000万元，实现文化产值1.8亿元。经过十几年的努力，宁波市文化创意产业总体上发展环境不断优化，并呈现出集约化、基地化、规模化发展态势，初步形成影视制作、演艺娱乐、软件和计算机服务、广告会展、动漫设计和表演、工业设计、建筑设计、工艺美术等一批文化创意产业集群。

（四）文化产业发展的市场环境不断优化

基于当前宁波文化产业发展的特色和亮点，并结合产业的空间布局、功能

---

① "1235"文化工程：指"十二五"期间宁波市重点打造的文化产业项目，其中"1"指的是10个重点文化发展集聚区，"2"是指20个重点文化品牌，"3"为30个重点文化项目，"5"表示50家重点文化企业。宁波市"十二五"文化发展规划纲要调整了文化产业的投资结构，在加强传统文化产业发展基础上，做强广电新闻出版业，重点发展新兴文化产业、文化创意产业、动漫产业、艺术品产业等，实现文化产业的可持续发展。

区块和重点项目建设,宁波全力打造文化产业升级版,加强招商引资,强化产业平台功能。从招商引资来看,2015 年,宁波市参加了上海·宁波周和武汉·宁波周的文化产业项目推介洽谈会,扩大了宁波文化产业的影响力。据统计,宁波市各地共引进文化企业 650 余家,总注册资金达到 10 亿元,引进重大文化产业项目 33 个,总投资达到 116.43 亿元,到位资金 35.83 亿元。2015 年,镇海新引进市外 200 余家文化企业;江北新引进注册资金千万元以上的文化企业 34 家;鄞州罗蒙环球城建成开业;慈溪方特东方神画项目、华侨城等重大文化项目也建设进展顺利。2015 年,宁波市建成 30 余个各具特色的文化产业园区,其中国家级园区 5 个、省级园区 2 个、市级园区 5 个,宁波广告产业园、宁波市国家大学科技园、和丰创意广场、麦中林创意园、创新 128 等特色产业园区集聚了大批的文化创意企业,宁波市初步形成了功能清晰、定位明确、错位发展的文化产业发展空间格局,不断引进和培育文化产业项目和产业主体,宁波文化产业集聚平台功能逐渐强化,也使得宁波市文化产业的市场环境不断优化。

第二节　宁波非遗创意产业的建设与探索

大众创新、万众创业。文化创意产业已成为引领经济发展的重要引擎,其发展规模与水平,也已成为衡量一个国家或地区综合实力和文化软实力高低的重要标志。"十二五"期间,宁波市文化产业增加值年均增长 13.5%,2015 年宁波市文化产业增加值在总量上排名浙江省第二。文化创意产业是一大串产业链的前端,可以激活一个完整的产业链,目前,推动宁波非物质文化遗产创意产业与宁波的优势产业深度融合,在追求优秀创意文化产品的同时,拉长文化创意产业链,开发系列衍生产品,以成功的非物质文化遗产创意产品拉动服饰、旅游、动漫、游戏等周边产业,从最简单的文创产品生产向非物质文化遗产创意产业链延伸,必将给宁波的非物质文化遗产创意产业发展带来新的局面。

一、宁波非物质文化遗产创意产业化发展的优势

(一)丰富多彩的非物质文化遗产创意源泉

非物质文化遗产作为人类社会重要的文明结晶和文化成果,体现了历史、艺术、宗教、情感等多方面的特性和多重价值,是各种文化创意产品的源泉和

资源宝库。我国的非物质文化遗产是文化遗产的重要组成部分,是我国历史的见证和中华文化的重要载体,蕴含着中华民族特有的精神价值、思维方式、想象力和文化意识,体现着中华民族的生命力和创造力。源于河姆渡悠久历史文化和代代传承的宁波地方文化成就了宁波丰富多彩的非物质文化遗产,这些民间文化、民间美术、传统音乐与舞蹈、手工技艺等不同历史时期、不同自然地理环境中所创造出来的历史文化不仅是我国民族文化的重要组成部分,也是一个民族文化多样性和独特性的文化形态的重要表现。

作为文化大市的宁波,其文化、历史资源也非常丰富,孕育了浙江具有悠久历史的民间传说、艺术、戏剧、美术、舞蹈、医药、技艺和民俗等诸多的非物质文化资源。宁波拥有诸多的陆地与海洋差异化的非物质文化遗产资源,具备其他地方所不拥有的文化资本潜质,这些文化资源进入文化产业链时也就具有独特的地方文化色彩。

以宁波市象山县为例,该县有着漫长的 925 公里的海岸线,分布着塔山、姚家山、红庙山和高塘珠门等五处新石器时代遗址,有着丰富的自然与文化资源。① 在政府的政策、资金和人员等方面的支持下,相关部门保护发掘了塔山文化遗址、海防遗址、古陶窑、古沉船等文物点,整理重现了象山锣鼓、龙灯、渔灯(见图 2-1)、竹根雕、渔歌号子、剪纸等民间文化和赵五娘、陶弘景等民间传说,成立了渔文化研究会。全县文化界人士开展与文化资源相关的调查、保护、研究工作,使象山县具有海洋文化特色的非物质文化遗产的保护观念深入人心,并且使象山县成为宁波市非物质文化遗产保护和海洋特色的文化产业发展大县。

随着人类现代文明进程的加快、科技发明和信息化的日新月异,非物质文化对现代化社会的不适应性与排斥性非常明显,会导致传统音乐与美术、手工技艺等大量的非物质文化遗产濒临消亡,这就凸显了创意在非物质文化遗产保护与传承中的作用。由于创意是文化产业发展的核心所在,一种文化遗产产品的创意往往取决于这种文化产品的风格、艺术特色以及应用性,取决于是否能够获得消费者情感的认同和共鸣,所以,带有大量历史文化信息和历史文化印记的非物质文化遗产自然而然会成为创意的最佳来源。

---

① 象山概览[EB/OL]. (2012-12-22)[2016-06-06]. http://www. xiangshan. gov. cn/col/col91/index. html.

图 2-1　2016 年宁波东亚非物质文化遗产博览会上的象山石浦渔灯

（二）非物质文化遗产成为创意产业经济的亮点

从国际经验看，当一国的人均国内生产总值达到 5000～10000 美元时，其经济、社会结构和人民的需求会发生重大变化，社会消费偏好和消费结构也会发生变化。当人们的收入增加后，多出的钱可以提高生活质量，用于生活享受，不再仅仅花在吃饭上，即恩格尔系数降低，生活水平提高，人们会更多地购买奢侈品等。按 2015 年平均汇率计算，中国已有 10 个省区市人均 GDP 超过 1 万美元，这些省区市常住人口数量总和超过 5 亿人。2015 年，宁波市实现地区生产总值 8011.5 亿元，比 2014 年增长 8.0％。按常住人口计算，全市人均地区生产总值为 102475 元（按年平均汇率折合约为 16453 美元）。在物质生活已经达到一定水平、一定阶段的时候，人们也需要拓展新的消费领域，休闲、娱乐、消费等就成为民生的重要内容，因此以文化、旅游、娱乐业为主的第三产业开始蓬勃发展，文化创意产业作为第三产业的新的经济增长点，是需要被大力提倡和推广的。人们对文化的需求越高，市场所蕴含的文化需求也就越大，因此，宁波经济的快速发展给发展文化创意产业奠定了良好的市场基础。

当经济发展到一定阶段的时候，一些经济发展区域找不到生产和消费的亮点，处于低迷徘徊、相对迷茫的阶段，必将引起一定的经济转型升级或者某些产业经济的改变。文化产业确实是一种绿色、低碳的产业，特别适合我国沿海地区、沿海城市来发展，发展文化产业对于沿海地区转变经济增长方式，推动沿海城市区域经济的发展，推动文化产业的发展再上一个台阶是十分有意义的事情。非物质文化遗产创意产业是一个多层次、全方位和多元化的产业群体，它在文化产业发展到一定阶段的时候，通过创意、设计、加工等刺激一批新的产业链出现，不仅丰富了文化产业发展的内涵，而且成为文化产业中新的经济亮点。在宁波，以慈溪草编、慈溪上林瓷苑越窑青瓷、鄞州黄古林草编、鄞州朱金漆木雕、鄞州金银彩绣、象山杨氏古船模、象山德和根雕等为标志的一批非物质文化遗产产业化程度较高，创造出了较大的社会效益和经济效益，走出了一条非物质文化遗产创意产业化的路径。

（三）民营资本成为创意产业发展的重要力量

作为沿海经济发达的地区和城市，宁波把民营经济作为其经济的主体和发展的主动力。当前，宁波的民营经济贡献了 70% 以上的经济总量，民间投资占全市固定资产投资比重达 48.1%，宁波市生产总值的 70% 左右来自民营经济，民营经济已经成为促进宁波经济平稳较快增长的重要力量。"十二五"期间，宁波政府部门出台的《关于金融支持文化产业发展繁荣的实施意见》《关于鼓励和引导民间资本投资发展文化产业的若干意见》一系列新政策，加速了民营资本与文化产业的"联姻"。

在政府的鼓励和引导下，宁波民营资本积极进入文化产业领域，在文化用品制造、印刷复制、影视制作发行、工艺美术等领域推动了宁波文化产业的持续发展。如浙江民和影视动画股份有限公司积极进行产业转型，自 2009 年年初开始转向动漫、影视文化产业等领域，通过获取有关阿凡提故事的版权，成立了阿凡提工作室，并与中国顶级动漫制作机构合作，制作团队达 300 余人，制作出每集 12 分钟的《少年阿凡提》共 104 集（见图 2-2），把源自新疆的非物质文化遗产项目"阿凡提故事"打造成为一个知名动漫品牌——"那萨尔丁阿凡提"。① 动漫电视系列剧《少年阿凡提》不仅在浙江卫视、新疆卫视、宁波电视台等播映，其他各大省市电视台也纷纷购买播出，并且它还在土耳其伊斯坦

---

① 阿凡提是在阿拉伯、中亚及我国新疆地区长期流传的一位民间智慧人物，其集机智、幽默、充满勇气和正义感等特征于一身，是民间正义语中力量的化身，具有广泛的国际影响。"阿凡提"的真名叫"那萨尔丁"，"阿凡提"是新疆维吾尔族语中"先生"的意思。

布尔举办的"中土动漫产业高峰论坛"上亮相。①

图 2-2　动漫电视系列剧《少年阿凡提》

为了文化产业的持续发展,宁波民和公司还将"少年阿凡提"进行深度挖掘与开发,在这个被列为浙江省文化精品工程项目和宁波市文化精品工程项目中,民和公司启动了庞大的"那萨尔丁阿凡提工程":这个工程由动画电视、动画电影、长篇小说、漫画、绘本、网上游戏、游乐场等组成;围绕"那萨尔丁阿凡提"品牌的漫画图书创作和发行是一个重要组成部分,为了充分占领图书发行渠道和市场份额,民和公司和新疆青少年出版社、新时代出版社进行战略合作,出版了"那萨尔丁阿凡提"品牌系列图书。目前,《爆笑阿凡提》初印 9 万册已经投放市场;"那萨尔丁和猫"系列、"那萨尔丁阿凡提的童年"系列即将出版。2012 年,民和公司投资建设民和·惠风和畅文化产业园,园区内那萨尔丁欢乐小镇项目占地 53 亩,建筑面积 10 万平方米,一期投资 7 亿元。据介绍,欢乐小镇由那萨尔丁动漫街、那萨尔丁城堡、那萨尔丁大巴扎等板块组成。在这个小镇上,既可以游乐,也可以购物;既有戏剧,也有美食,还有真人版的网络游戏等,是一个具有浓郁的异域风情和童话般氛围的文化主题公园。②民和影视动画股份有限公司借力非物质文化遗产创意产品,打造了一条完整的非遗项目——"少年阿凡提"文化产业链,在文化产业市场竞争和动漫产业

---

① 陈青.宁波多个文化产业门类全国领先,走上跨越式发展之路[EB/OL].(2013-12-03)[2016-06-06].http://news.cnnb.com.cn/system/2013/12/03/007921281_02.shtml.

② 郑黎,冯源.宁波民和影视动画公司——用综合手段塑造经久不衰的"阿凡提"品牌[EB/OL].(2012-05-17)[2016-06-06].http://news.xinhuanet.com/society/2012-05/17/c_111976218.htm.

市场竞争中牢牢站稳一席之地。

此外,宁波首家以推广本土文化为主要特色的原创动画制作公司——宁波卡酷动画制作有限公司的卡酷系列作品的产量和总量为全市第一。"麦圈可可"及《红色通道》《来发讲啥西》《狮球的传说》、《孔雀西南飞》等都被烙上了"宁波文化"的印记,从远古的河姆渡文化开始,宁波民间故事、传说等很多非物质文化都得到生动展示。同时,通过文化创意的生产、加工和制作,许多非物质文化也成为其文化创意产品重要的内容来源。

二、宁波文化创意产业发展不足

(一)文化创意产业贡献度尚有较大差距

相对国内一些经济比较发达或有同等经济地位的城市,宁波文化创意产业对 GDP 的贡献度尚有较大差距。2015 年,宁波实现文化产业增加值565.14 亿元,占全市 GDP 的 7.1%,文化制造业总量居全省首位。但从整体上看,宁波文化创意产业规模较小,对地区 GDP 贡献不够突出,与北京、深圳、上海、杭州这类经济发达的城市相比差距较大,与厦门、青岛等城市相比也有不小的差距(见表2-3)。当然,这也说明宁波文化创意产业还有很大的发展空间和发展潜力,这就需要宁波政府部门加大政策的引导和扶持,壮大宁波文化创意企业的规模,从而提高文化创意产业的增加值,使文化创意产业成为宁波经济增长的支柱性产业之一。

表 2-3　2014 年宁波与国内其他城市文化创意产业增加值增长对比

城市	文化创意产业增加值/亿元	年增长率/%	占地区 GDP 比重/%
北京	2794.3	16.1	13.1
上海	2820.0	8.0	12.0
深圳	1553.0	15.0	9.7
杭州	1607.3	15.9	17.5
厦门	280.0	13.0	8.0
宁波	339.4	7.1	4.5

(二)宁波文化创意产业结构较为单一、文化企业规模较小

宁波非物质文化遗产创意文化企业规模小、比较分散,缺乏相关专业从业人员,经营与管理人员匮乏,在非物质文化遗产创意产业上总体与综合竞争能

力不强。宁波文化创意企业虽然发展迅速,但文化企业大多由于成立时间不长,仍处于起步发展阶段。另外,从注册资金来看,宁波文化创意产业园区实力较弱,注册资本在 50 万元以下的占比达 67%,抵御风险能力较差。① 宁波创意文化产业发展过程中,缺乏对非物质文化遗产内涵、区域文化背景以及景观文化特征的综合考虑,导致非物质文化遗产创意产业结构比较单一,缺少集非物质文化的参与性、娱乐性、知识性于一体的多元化"创意文化精品",缺少大的文化产业公司或企业,难以形成文化创意品牌,也难以形成对外输出文化的竞争力。如 1998 年 6 月,美国迪士尼公司推出动画片《花木兰》(Mulan),将中国家喻户晓的传奇故事蜕变为具备一切要素的流行文化,使其风靡美国及在全球大获成功,仅在全美首映的三天票房就达到 2300 万美元。迪士尼公司与美国艺术家以其独到的眼光,不仅将中国古代民间故事变为当代流行电影与娱乐文化本身,更是从世界上文明古国的传奇故事中寻获创作的灵感、素材,使影片制作更富有历史、文化的底蕴,其神秘的传奇性、生动性也使许多迪士尼动画片成为老少皆宜的流行文化精品。《阿拉丁》《美女与野兽》《狮子王》《灰姑娘》《阿里巴巴与四十大盗》等一部部动画杰作里无不闪耀着世界性非物质文化遗产因素的光辉,通过吸取他国文化元素的创意设计和生产,获得了产业化的市场经济效益。当前世界范围内的经济竞争背景,使得传统意义上对物质资源争夺的国家化生产方式转变为对文化资源的争夺,如何保护本土文化、发展民族文化,这是值得我们反思的。

（三）民营企业投资文化创意产业的欲望不够强烈

文化创意产业的快速健康发展离不开文化创意产业主体公司或企业的培养,同时也离不开文化产业资金的支持。从市场经济发展的规律看,文化产业发展资金仅仅靠政府投入(如产业基金)是不够的,还需要金融、社会资本以及其他民间力量的参与和投入。宁波民营经济发达,民营企业创造的 GDP 约占全市总量的 80%。从理论上说,有广大民营企业做经济后盾,文化产业资金应该很充足,因为民营企业会被具有高风险、高回报、高附加值特点的文化创意产业所吸引。但事实正好相反,宁波的民营企业对投资文化创意产业的欲望并不强烈。据资料显示,截至 2009 年 10 月,3.5 万家文化产业经营单位中,1067 家文化经营单位获得民营资本投资,所占比例只有 3.5%。究其原因,一方面是市场的需求和供应不够明确,销路不够明朗;另一方面是文化创

---

① 潘冬青,樊丽淑.宁波文化创意产业集聚发展现状的调研[J].经济导刊,2012(3):82.

意产业回报周期长,见效慢,让民营资本望而却步。① 例如,在有关方面力促中国著名厨具品牌公司——宁波方太厨具有限公司与慈溪市越窑青瓷有限公司进行市场合作开发时,几次恳谈下来,囿于青瓷的市场前景、营销网络和市场开发深度,方太还是谨慎地回避了资金投入。因此,怎样吸引民营资本、民间资金等投资于文化创意产业是政府制定和出台文化产业政策时应该重点考虑的问题,这不仅是解决文化创意产业发展的资金制约问题,而且也是壮大宁波文化创意产业发展的一种有效途径。

三、宁波非物质文化遗产创意产业发展对策

文化是发展创意产业的灵魂。文化创意源于文化并高于文化,是对文化资源创造性的开发和利用,是文化对经济社会发展渗透力、影响力的拓展和挖掘。发展文化创意产业离不开文化、科技、企业这些重要载体。在市场经济条件下,宁波文化创意产业需要依托本地非物质文化遗产的历史文化资源,依靠现代科学技术,培养和发展市场创意产业企业主体,建设发展文化创意产业的良好载体和平台,把非物质文化遗产创意产业做大做强。

(一)打造非物质文化遗产文化品牌,发展非物质文化遗产会展业

"市场化、国际化、专业化"的全球化趋势加快了非物质文化遗产创意文化产业品牌的迅速成长,围绕非物质文化遗产创意产业化的发展,各个国家和地区纷纷通过会展等方式整合出以不同非物质文化为主体的品牌,进行文化的生产和输出。宁波市通过培育非物质文化遗产会展市场主体,引导和扶持节庆、会展企业主动扩大经营规模,扩展业务范围,形成规模化、专业化经营模式,做强做精中国(宁波)特色文化产业博览会、宁波博物馆、鄞州区非物质文化遗产馆等非物质文化会展品牌;同时积极争取其他各级别国际国内重要的产业经济、非物质文化遗产论坛等,使宁波成为国内外重要经济、文化等会议承办地。

2016年4月15日至18日,在宁波国际会展中心举办的中国(宁波)特色文化产业博览会上,设有文化名企展区、科技文化展区、特色文化产业园区展区、文化金融展区、海外保税艺术品展区、唐诗之路展区、台湾生活美学展区和儿童文创展区等特色展区,同期举办东亚非物质文化遗产展(见图2-3)。文博会举行期间,组委会在主会场和各分会场还设置了15场主题论坛、专项活动和产业对接会,包括文化与金融合作发展论坛、甬台文化创意暨设计产业论

---

① 刘婷,张真柱.宁波文化创意产业发展对策研究[J].宁波通讯,2011(11):45-46.

坛、非物质文化遗产产业化论坛、宁波华强·中华复兴文化园"非物质文化博览园"开园仪式、中国（宁波）文化产业创业大赛、文化创意设计与婴童产业对接会、文化创意设计与文具制造业对接会等一系列涉及文化创意的活动。首届文博会上，引人注目的东亚非物质文化遗产展分为非遗综合馆、非遗项目馆、大赛作品馆三大块，共计展位 700 个，展示项目 370 个。其中非遗综合馆汇聚中日韩非物质文化遗产文创产品和国内非物质文化遗产传承机构代表约 180 位，非遗项目馆集聚国内优秀非物质文化遗产项目 90 个，大赛作品馆集聚浙江省非物质文化遗产传统手工艺设计产品项目 100 个。作为首届中国特色文化产业博览会举办地，宁波市抓住市场机遇，发挥宁波"海丝之路始发港"的区位优势和"东亚文化之都"的品牌效应，着力打造一个立足浙江、面向全国的特色文化产业项目和产品交流交易平台，使之成为推动宁波文化产业跨越式发展、促进宁波经济转型升级的重要举措和支撑平台。

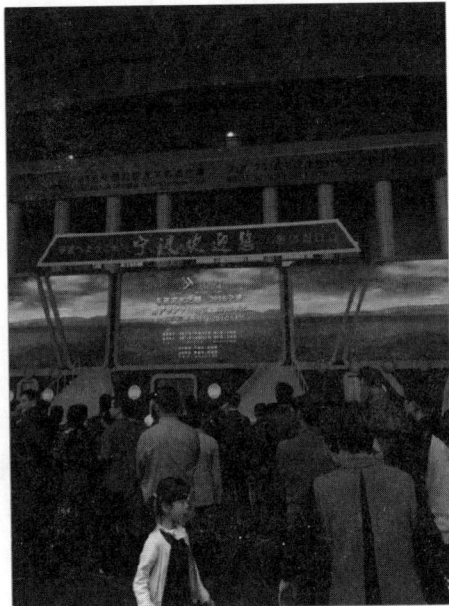

图 2-3　2016 东亚非物质文化遗产展（宁波国际会展中心）

（二）培育非物质文化遗产创意产业发展的市场环境

当前，我国各大城市纷纷将非物质文化遗产创意产业作为发展文化产业的突破口，组织行业内人士、专家等进行论证，投入文化产业资金，推动各种文化创意园、创意软件产业园的发展。宁波市要在文化创意产业园、非物质文化遗产传承基地等基础上,通过政府引导与扶持、市场化运作,建立整合全社会资源的文化创意产业公共服务平台,推动非物质文化遗产创意产业以特色化、个性化、艺术化、智能化为主要特征的文化创意产业的形成和发展,建成国内外具有较大影响力的非物质文化遗产创意产业园或文化产业基地,使之成为沿海城市和地区文化产业和现代服务业的经济新增长点、创意人才的集聚地和文化名城的新亮点。2016 年 4 月 16 日,由深圳华强集团投资建设的宁波方特东方神画主题乐园在杭州湾跨海大桥南端开园。宁波方特东方神画园区有 20 多个大型主题项目,囊括了歌舞演艺、精品景观小品、特色雕塑等 200 多个精彩子项。该博览园通过现代科技、深度创意,改变了传统文化传播方式,对中国传统非物质文化进行了全新诠释和演绎,使之成为一种文化形式的主题公园——非物质文化博览园。按照规划,该博览园年接待游客预计达 300 万人次,同时也成为宁波市文化产业发展历程中具有重要意义的文化创意产业项目。

发展非物质文化遗产创意产业,要以文化创意产业为重点,营造文化创意产业发展的良好环境,要加强对文化创意产业的研究和宣传,引导全社会进一步提高认识,把握这一新兴产业的战略地位和发展趋势,培育新型的产业观念、创意创新的意识和能力。从管理层面、研究层面到实践层面,需要打破思想和体制的束缚,尊重艺人、技师和群众的首创精神,让一切创造潜能和聪明才智竞相迸发。在非物质文化遗产创意产业的市场化过程中,积极学习和借鉴发达国家和地区发展文化创意产业的先进经验,研究制订文化创意产业发展战略。世界文化是多样性的、多元性的,但只有先进的文化、创新的文化才有生命力、有前进方向。宁波在拥有区域丰富的文化资源的同时,要广泛吸收和借鉴人类创造的一切先进文化、先进理念和科技成果,注重国际视野与中国特色的统一、传统继承和时代创新的统一、历史文化与现代科技的统一,加大文化产业发展力度,加快文化创意产业的体制、机制以及文化创意产业的内容、技术、产品等层面的创新,走出一条有中国特色的宁波文化创意产业发展之路。

（三）以"非遗文化"为主题,发展非遗文化演艺业

以民间传说、民俗故事、戏曲和舞蹈等为代表的非物质文化,通过口头或动作的方式代代相传,具有民族历史沉淀和突出代表性,因此也被誉为历史文化的"活化石""民族记忆的背影"。宁波具备以儒家文化为主体的传统文化、以滨海地域为特色的浙东文化、五方杂处的移民文化、异军突起的商帮文化、万物有灵的观音文化、妈祖文化与龙王信仰等各种不同类型的地域性非物质文化特色。作为一个具有特色文化的区域,宁波能以这些民间文化、历史文化

为主题内容,以资本为纽带,整合各类非物质文化遗产演艺资源,发展专业演出市场、交流演出市场、旅游演出市场、国际演出市场和商务演出市场,建立规范有序的演出市场体系;同时,充分发挥文化经纪与代理业在连接文化产品和文化市场中的作用,鼓励民营文化经纪与代理机构发展,促进非物质文化遗产艺术经纪与代理业规模化发展。梁山伯与祝英台的爱情故事以各种文艺形式被演绎过,但在 2016 年中国(宁波)文化产业博览会上,宁波新文三维股份有限公司"梦"系列表演剧场却以一种不常见的全新形式对其进行演绎,伴随着悠扬动听的经典小提琴协奏曲《梁山伯与祝英台》,舞台上的演员化身"梁山伯"与"祝英台"翩翩起舞。它集 AR(Augmented Reality,增强现实)、VR(Virtual Reality,虚拟现实)及全息技术于一体,打造出一个虚拟与现实相结合的全新高科技表演剧场。与传统的靠真人表演的剧场相比,全息虚拟表演效果更梦幻、更神奇,也更热烈,而且演出成本更低。①

(四)以非遗文化主题为核心,发展非遗文化旅游业

宁波一些具有丰富非物质文化和历史文化的地区,可以充分依托非物质文化遗产打造文化休闲旅游目的地,把重点放在非物质文化遗产创意主题文化区的打造上。在非物质文化遗产主题景点、主题文化公园和文化休闲区等建设基础上,通过建设宁波梁祝文化公园、石浦古镇、石浦东门渔村、前童古镇、南塘老街、西江古村(见图 2-4)、象山影视城、天一博物馆、宁波帮文化馆等品牌文化产业区,集非遗历史文化、宗教文化和休闲养生文化于一体,集民俗、时尚于一体的各种类型"创意区"建设为核心,推动非物质文化遗产景点游、会展游、公园文化游、美食游、影视名城等精品文化创意旅游项目建设,从内容建设上也可以提高宁波文化旅游产业的竞争力。如美国在夏威夷建立波利尼西亚文化中心,该文化中心以非物质文化遗产为主题,建有 7 个村落,皆为典型的波利尼西亚房舍、厅堂和棚子,代表着夏威夷、萨摩亚、汤加、塔希提、斐济、马克萨斯和新西兰。每个村落都是按该民族的风格建造。"村民"也穿着各民族的服装,从事着编织、染色、雕刻等劳作,这些村落从房舍、服装到饮食等均具有非物质文化遗产特色,专供游客观看。这个文化中心虽然土里土气,但平均每年接待游客 100 万余人次,成为夏威夷最受欢迎的旅游景点之一。②

---

① 宁波市委宣传部:宁波"文博会"迸发"创意+"[N].浙江日报,2016-04-13(A8).
② 牟延林,谭宏,刘壮.非物质文化遗产概论[M].北京:北京师范大学出版社,2010:114.

图 2-4 宁波鄞州区下应镇西江古村

（五）培育和壮大文化创意产业主体企业

非物质文化遗产创意产业在发展的过程中，要以市场的需求为目标，要解决宁波文化走出去的一系列问题，也要以此为目标。这样就会看到第三层次的文化产业，体现了文化产业中的高端形态，它是宁波文化产业转型中真正的目标形态。宁波紫林坊雕塑艺术装饰有限公司、陈盖洪艺术创作室、朱金漆木雕文化发展有限公司、民和文化传媒有限公司、莱彼特文化传媒有限公司、它山堰庙会文化服务有限公司、梁祝文化园管理有限公司等一大批此类企业获得了很大发展。部分宁波文化企业或公司上市或在新三板挂牌，上市之后规模扩张加快，经济总量达到相当高的程度。通过利用现代投融资方式、上市方式获得国际化背景，运用融资方式、风险投资方式迅速壮大，这些产业的发展过程跟以往有所不同。培育和扶持文化创意产业公司，壮大非物质文化遗产创意产业主体企业，这是一种新的、越来越占据文化产业总量，或者叫做推动文化创意产业发展的方式，也将成为我国未来支柱型产业发展的一条最重要的通道。

（六）生产性保护成为非物质文化遗产创意产业发展的有效方式

非物质文化蕴含着独特的文明品格和民族气质。目前，我国对不同类别、不同存续状况的非物质文化遗产项目采取立法保护、抢救性保护、整体性保护和生产性保护等诸多方式。而生产性保护则是以保持非物质文化遗产的真实性、整体性和传承性为核心，将非物质文化遗产资源转化为物质形态产品的保护方式。生产性保护既有利于非物质文化遗产产品创新，也使非物质文化遗产拥有者具有更好的社会认同感，确保了非物质文化遗产的活态传承，较好地保持了非物质文化遗产的原真性、传承性和整体性。它输入的是有限的文化资源，输出的是无限的文化产品，形成文化生产力和文化创新力。[①] 不断提升非物质文化遗产的传承力，是生产性保护的出发点和落脚点。宁波有朱金漆木雕、金银彩绣、泥金彩漆、骨木镶嵌、草编、越窑青瓷、象山根雕、象山渔灯、象山晒盐、邱隘咸菹腌制、溪口千层饼、宁波缸鸭狗等众多传统技艺、传统美术和传统食品医药类非物质文化遗产项目，其文化内涵和技艺价值要靠生产工艺环节来体现，民众则要通过拥有和消费传统技艺的物态化产品或作品来分享。非物质文化遗产的生产性保护，需要通过产业开发、政策扶持等活动的开展，让非物质文化遗产项目不只是展馆的珍品，而且也能走进更多平常百姓的生活。

例如，宁波的金银彩绣是在真丝质地的面料上，用金银丝线与其他各色丝线一起，绣成的带有不同图案的绣品。宁波金银彩绣华贵动人、用途广泛，既可用于日常之需，又可用于民间喜庆装饰、服饰、宗教用品、室内陈设等方面，长期以来一直受到人们的普遍欢迎。宁波金银彩绣与朱金漆木雕、泥金彩漆和骨木镶嵌合称为"三金一嵌"，是宁波民间最负盛名的四大手工艺瑰宝。20世纪六七十年代，金银彩绣的发展在宁波经历了一个顶峰时期。那时，宁波有个绣品厂，在浙江乃至全国都是很有名气的，所做的东西都是出口的。以前有这么一句话："宁波东边的女人做刺绣，西边的女人编草帽。"当时，宁波实际上有好几万人在做刺绣，金银彩绣已经融入了寻常百姓家。[②] 1989年，宁波绣品厂绣制的《百鹤朝阳》获得中国工艺美术百花奖珍品奖，现藏于中国工艺美术馆精品馆。90年代因为企业的改制，宁波绣品厂被并掉了，金银彩绣手工艺就消失了。后来宁波绣品厂员工史翠珍同沙珍珠一起承包了该厂，继续从事

---

① 陈清.加大力度支持非遗生产性保护[N].中国文化报,2015-09-10(A10).

② 张灿毅.访金银彩绣传承人裘群珠:把非遗融入百姓生活[EB/OL].(2015-12-30)[2016-06-06].http://www.nbtv.cn/new/report/focus/2015-12-30/2015123010277059.html.

金银彩绣制作，近 30 年来带徒 100 多人，但目前只有史翠珍等极少数人在苦苦支撑。

　　作为宁波金银彩绣技艺的非物质文化遗产传承人，宁波金银彩绣有限公司董事长、宁波金银彩绣艺术馆馆长裘群珠女士多年来也致力于金银彩绣的传承、传播工作。在多方争取宁波市鄞州区政府和社会支持后，2010 年 12 月 1 日，宁波金银彩绣艺术馆在鄞州区下应镇创新 128 园区建成开馆（见图 2-5），收集 300 余件民间金银彩绣藏品，并多方筹集资金用于金银彩绣产品的设计和制作。裘群珠女士用多年学习的手工技艺做金银彩绣，通过添加创意和整合全国的刺绣工艺，集中力量开发佛教内装、家庭装饰（包括收藏品、装饰品）、礼品及小饰品等非物质文化遗产创意产品，让名列全国 28 种刺绣之一的金银彩绣实现了小作坊集中化、商业化、产业化，这种生产式的非物质文化遗产保护也在市场上获得了较大的成功（见图 2—6）。

　　2006 年和 2011 年，宁波金银彩绣先后被列入浙江省非物质文化遗产保护名录和国家非物质文化遗产保护名录。浙江省省级非物质文化遗产代表性传承人史翠珍在金银彩绣传承基地每日传授刺绣技艺，经常参加大型作品的绣制，先后与他人合作完成《甬城风情图》《百鸟和鸣》等多幅作品，为金银彩绣产品赢得了更大的市场发展空间。

图 2-5　宁波金银彩绣艺术馆

图 2-6　宁波金银彩绣艺术馆的现场刺绣生产

当前,一些地方非物质文化遗产生产性保护面临缺乏盈利模式、融资难、税费高等问题,使经营者、传承人感到困惑。这需要宁波地方政府出台更多鼓励和优惠政策,加大对生产性保护的支持力度,让宁波非物质文化遗产资源在市场化进程中实现良性发展。支持非物质文化遗产的生产性保护,必须鼓励和支持非物质文化遗产传承基地、传承人开发非物质文化遗产项目,使其恢复"自我造血"功能。对适合生产性保护的非物质文化遗产项目,采取优先抢救与扶持措施。对有市场潜力的但生产力量分散的非物质文化遗产项目,协调相关单位建立"传承人+协会""公司+经营户""生产作坊+传习所+社区服务中心"等运营模式。政府部门要为代表性非物质文化遗产传承人组织生产、授徒传艺、展示交流创造条件,提供产业引导资金和技术支撑;鼓励代表性非物质文化遗产传承人生产有地方特色和民族特色的非物质文化遗产产品,开发适应当代民众审美需求的创意文化产品,推动传统非物质文化遗产产品功能转型和实现用途日常化;支持代表性非物质文化遗产传承人的非物质文化遗产创意文化作品列入政府采购清单获得优先采购机会。①

针对非物质文化遗产的活态性特点,在推进宁波市非物质文化遗产保护

---

① 　陈清.加大力度支持非遗生产性保护[N].中国文化报,2015-09-10(A10).

与传承中,注意加强对非物质文化遗产的生产性保护,已成为社会各界的一致共识。通过生产性的开发,一些具有市场经济价值的非物质文化遗产产品受到越来越多的欢迎,在相关文化产业政策的支持与保障下,宁波已初步形成了政府主导、社会参与、市场运作的良好格局,开始出现"传承能力增强、项目业态扩展、品牌影响提高、资源利用延伸"的态势。仅以传统技艺和传统美术为例,宁波市现有各类非物质文化遗产传统工艺生产企业 1000 余家,其中规模以上传统工艺生产企业 84 家,2010 年年底完成工业总产值 26.9 亿元,实现销售产值 26.2 亿元,实现利润 1.12 亿元。[①] 例如象山才华剪纸艺术馆开发了创意剪纸灯、十二生肖礼盒等一系列剪纸工艺品,积极向产业化路线迈进。通过对一系列非物质文化遗产创意产业化路径和模式的探索,宁波各种非物质文化遗产项目、传承基地和传承人走出具有地方特色文化创意产品的产业化之路,为宁波地方文化产业的发展和地方城市经济发展做出了应有的贡献。

---

① 费伊."三位一体":非遗保护的宁波模式[N].中国文化报,2011-12-21(A4)

第三章　宁波非遗创意产业的价值分析

"让非遗走进现代生活"本义是让非遗与现代生活相融合，而现代社会以科技与技术为象征，尤其是后现代社会带有典型的机械化、复制化、批量生产的时代烙印，当一种文化创意或诗意因被无限克隆与复制而变得僵硬和古板的时候，对于传统文化的关注和重新检视，必将会激活一个民族的文化创意和诗意，必将在一个民族文明发展史和前进的路上缔造新的辉煌与美。无论是民间戏曲、杂技，还是根雕、面塑、剪纸、刺绣手艺、编织技艺、青瓷、鱼灯等闪烁着非遗元素的光辉的民间文化瑰宝，这些凝聚着民间智慧的文化与纯手工产品，让现代人目不暇接、叹为观止的同时，也再一次调动和激发了我们对民族文化的热爱。

宁波有着丰富的非物质文化遗产资源，如象山竹根雕、鄞州朱金漆木雕、鄞州金银彩绣、慈溪长河草编、鄞州黄古林草席、鄞州雪菜制作技艺等。这些多为全国所特有，具有较大的创意产业价值和市场价值，可以进行创意美学加工、改造和创新，提升其文化内涵，通过贴牌生产、销售、孵化提升非物质文化遗产产品的含金量，带动非遗文化、曲艺、手工技艺的开发与传承。非物质文化遗产本身其实就是一个宝贵的、内容丰富多彩的文化基因库，并不仅仅是被摆在博物馆和收藏爱好者家中，我们应该剖析它们的传统原型，发掘其中的智慧元素和创意价值。

第一节　非遗创意产业的价值与社会意义

社会人文环境是非物质文化遗产生存与发展的土壤，"蓄水养鱼"为非物质文化遗产的文化传承营造起生命空间。非物质文化遗产与社会习俗、群体生活、自然环境等紧密相关,脱离了相关的社会人文条件不可能孤立存活,唯有通过文化生态的区域性保护,才能保持非物质文化遗产活态传承的延续能力。我们不能把目光单纯放在非物质文化遗产的产业经济价值上,更重要的是要将与其生命休戚与共的美学价值、社会价值和人文环境一起加以保护和培养,真正发挥非物质文化遗产的社会文化活力。

一、非遗文化创意的审美价值

(一)民间传统文化的审美内涵

18 世纪,德国哲学家鲍姆加登创造出"美学"(aesthetics)这个词时,"美学"还是一个形而上学层面的抽象概念。在以"美"为研究对象的西方经典美学发展过程中,特别是康德的"审美无利害"观念成为德国经典美学的一个重要概念之后,美学形成了对关于审美活动的超越性价值的认识。黑格尔的《美学》就是这种艺术观念的代表作,因而,这种艺术美学观念确定了艺术的超越性审美价值。① 随着后来的艺术被经典化,艺术的美学特征也具有了确定的核心内涵和关于艺术价值高低的评价标准。

是否具有审美价值,是对非物质文化遗产产品收藏与保存、经济与市场等价值进行判断的一个重要标准。但这里所说的"审美价值",不单指它的当代审美价值,还指这些非物质文化遗产传承了千百年之久的传统审美价值。这是我们了解不同时代传统文化审美特性的重要参考,也是我们了解不同地域传统文化审美特性的重要参考。审美价值不仅是人类认识自身文化历史的重要途径,同时也是我们创造新文化、新艺术的重要前提。如果用当代审美观念取代传统审美观念,那些根本就不是非遗的当代文化、艺术或技艺,就会因非常符合当代审美而顺势流入非遗文化产品范畴,我们的非遗文化产品的传承和保护就会走味、变色。②

在现代社会,审美早已逾越了艺术的边界,实现了向生活领域、文化领域的挺进,即已由艺术审美转换成为文化审美。在文化感性中,非物质文化遗产处于艺术感性与文化感性边缘重叠的节点。它既可以提高而跃升为"美的艺术",又可以向下扩展为一般性的文化形式。非物质文化遗产中蕴含丰富的艺术元素和特色鲜明的审美符号,不仅是艺术创造与文化创意的重要源泉,而且

① 高小康.发现民间艺术独立于经典艺术的美学价值[N].中国艺术报,2017-03-22(7).
② 苑利,顾军.传统审美价值是遴选"非遗"的重要尺度[N].中国社会科学报,2011-10-21(1).

本身已经成为审美对象。正是由于非物质文化遗产自身拥有重要的艺术价值与审美价值，"非遗"以审美促使自身得以在长时期内实现绵延发展。因此，非物质文化遗产创意产品凭借自身的艺术性、生活性和文化性特征，成为了文化审美的重要形式与内容。因此，我们把文化性看做是非物质文化遗产文化创意产品的基本特征，这种文化性源于其艺术性与生活性的交融，并体现出独特的富有民族性和地域性的文化表征。在文化融合的社会背景下，"非遗"以其鲜明的文化性特征成为文化多样性的重要表现形式。

我们一般把非物质文化遗产视为文化多样性的标本和历史发展的见证，但从文化创意的角度看，其价值绝不仅限于此。非物质文化遗产为文化创意产业的发展提供了丰富的内容素材和创意元素，成为文化创意产业取之不尽、用之不竭的文化资源宝库。在现代社会高新技术和文化消费的推动下，艺术创造已经转化为文化创意，艺术品已经转化为文化商品，通过发掘具有新奇性的"非遗"资源，利用"非遗"审美在文化消费领域中占据主动，已经成为非遗文化创新的重要捷径。同时，借助文化创意式的设计、制作和包装，"非遗"文化审美也得到了发展与传播。①

（二）非遗的创意美学价值

非物质文化遗产文化产品传递的审美价值能够符合艺术的追求，符合消费者的心理需求和愿望，体现了艺术价值的时代性，并且同潜藏在消费者内心深处的真情人性产生了共鸣。如今随着时代的发展和民间风俗的改变，很多非遗传统文化产品作为一种艺术装饰品的审美价值是无可替代的。任何形式的非遗产品，只要重新挖掘其内在的艺术价值，并赋予其新的时代内涵，它就仍然能够受到社会民众的重新认同。

滥觞于农耕文明时期的非物质文化，更多的是人类社会共有的精神财富。其意义不仅仅在于丰富了我们单一乏味的日常生活，更重要的是，充实了我们简单的精神世界和孤寂的心灵。能够使人类在追求真正的幸福和焦渴中品尝到最质朴、最原始的愉悦，那是属于生命源头的东西，这其实就是非遗美学创意的现代转身。非物质文化遗产不是一种简单的文化存在，它以人类文化的遗存为载体，不仅保存了我们共同的文化记忆，而且传承了人类的智慧，锻造了人类的精神世界。一个宋代越窑的青瓷杯具，杯子本身是文物，但不是非

---

① 席格. 非物质文化遗产的文化审美[N]. 中国社会科学报，2015-05-11(1).

遗,而制作杯子的工艺流程是非遗,就是文化,就是美学[①];一件明清时代的金银彩绣,产品由布料加绣线组成,是日常生活用品,但金银彩绣的刺绣技艺就是非遗,代表着一种文化、一种审美(见图 3-1)。

　　现代技术手段一方面给非遗文化产品带来了许多不利于其生存的影响,但另一方面也为非遗创意产品的可持续发展提供了更多契机。我们更多关注的是非遗文化资源和产品的当代转换,从创意和产业的视角,挖掘原生态的非遗资源,发现新的审美要素,通过新的创意技术将当代生活观念和新的文化表现形式注入非遗产品,创造新的审美价值,使之符合现代人的审美趣味和文化追求,融入当下生活。

图 3-1　宁波鄞州金银彩绣艺术馆的手工艺品

　　此外,审美价值还体现在非遗传统文化的时空转换,以及审美观念和角度的转换方面。例如宁波奉化、鄞州、宁海等一些地区的舞龙舞狮传统一直延续至今。奉化布龙、大岙布龙、宁海狮舞、梅山舞狮等,体现了民间文化的勃勃生机,这些传统也是百姓日常生活中积累起来的情绪、情感和美好愿望。大岙布龙皆为九节龙,龙头彩绘,饰以彩珠,闪闪发光;龙节内用竹篾扎成;龙身用细钢丝支撑,全长 17 米,圆径 28 厘米,整个外形相当美观。该布龙可舞台表演、

---

①　汪广松.非物质文化遗产的创意价值[M].北京:中国社会科学出版社,2015:21.

广场表演,亦可单龙表演以及双龙、四龙同时表演;可穿常服表演,也可穿特制的演出服表演,具有很好的灵活性、美感及观赏性。

舞龙舞狮经过历代不断丰富、充实,成为集节庆、舞蹈、表演艺术和造型艺术、武术与鼓乐、戏曲与龙艺于一体的民间文化艺术形式。龙与狮代表了吉祥、尊贵、勇猛,更是一种权力的象征。尤其是起源于汉代的舞龙,最初是作为祭祀祖先、祈求甘雨的一种仪式,到了唐宋时代已非常盛行。人们用舞龙这种表演方式表达对上天的尊敬和崇拜,也期望借此获得神灵的庇佑。在祭祀庆典的过程中,这种集表演和娱乐于一体的艺术形式是民间艺人通过丰富的想象力创造出来的,并在实践中不断被充实、提高和完善。舞者技艺娴熟、灵活敏捷,动作间的衔接和递进十分紧凑,再伴以热烈而奔放的锣鼓,确有一种翻江倒海的磅礴气势和美感。因此,在当代社会生活中,它们不仅是仪式化、形式化的,而且也是娱乐的、审美的。

总体来看,非物质文化遗产中有大量的传统文化艺术创作原型和素材,充分利用其中的审美艺术,可以为新的艺术创作提供不竭的源泉。在非遗传统文化中,不仅民间艺术、民间文学、传统技艺有审美价值,就连其中的民间文化、社会习俗、服饰、礼仪等也普遍涉及美的内容,具有重要的审美艺术价值。当代许多影视、戏剧、舞蹈、美术、手工技艺等优秀文化创意作品就是从中孕育而来的,这些都很好地发挥了非物质文化遗产的审美再造功能。

二、非遗文化创意的社会价值

"非物质文化遗产的价值是指非物质文化遗产对人类具有的重要功能和作用,它存在于非物质文化遗产本身与人类的相互关系中,主要包括历史价值、艺术价值、社会价值等基本价值以及经济价值、教育价值等时代价值,具有多样性、动态性和系统性。"①所谓社会价值,即非物质文化遗产项目本身以及创意产业化发展对于时代所发挥的作用和影响。社会发展到今天,无论是生产形态、生活方式及信仰形式,还是以人作为主体的社会以及社会环境,无不发生着巨大的变化。这些变化势必会促使非物质文化遗产不断地在传承中谋创新、在创新中求发展,进入社会生产生活的内涵并进行表征的拓展与延伸,从而体现其应有的社会价值。

非物质文化遗产的传统文化内容,反映和表现了民族共同心理结构、思维习惯、生活习俗等内容,规范着民族的集体观念、生活方式、思想价值取向,能

---

①　王文章.非物质文化遗产概论[M].北京:教育科学出版社,2008:67.

形成强大的社会凝聚力,具有重要的社会和谐价值。在非物质文化遗产创意产业化过程中,非物质文化遗产产品不断地吸收和融入新的文化意识,也就是对传统文化进行了新的价值认同,从而使其有效地融入社会,促进文化的创新和社会和谐。非物质文化遗产的传统文化中含有大量传统社会伦理道德资源和规范,通过创意产品的开发和社会认同,在保护、传承非物质文化遗产的过程中,撷取、展示、宣扬其中美好向善的社会伦理道德和社会文化,将会更有益于我们今天和谐社会的建设。

非物质文化遗产活态性特点,决定了对于其中一部分技艺类非物质文化遗产种类,可以实施动态的"生产性保护"和"创意性开发",在保持其本真性特点的前提下,不断赋予传统遗产以新的形态、合理适当的现代社会文化内涵。可以通过发掘非物质文化遗产在当代人生活中的价值与作用,进行非遗创意产业化的创新与创意发展,使之直接服务于当代社会的精神与物质生活需求,最大限度地发挥非遗创意产品的社会价值。

非遗文化创意产品给我们的感受是鲜活的、深刻的,它们大都能够发挥交流、教育、审美等社会功用,可以提升民族文化自信,为国家与民族的文化创新发展提供稳固动力。非遗文化积淀着一个民族的智慧和光辉创造,反映人们对自然、社会、人生的深刻认识和思考,并且这种认识与理解有着长期性和稳定性,有益于一个国家或地区的社会文化安全。同时,非遗文化创意产品能够促进地区之间、国与国之间的文化交流,也能促进不同国家和地区人与人之间的互相交往,有时这种社会价值超越了国界与民族,体现了"只有民族的,才是世界的"这句至理名言的真谛。

三、非遗文化创意的产业价值

文化创意产业开发价值是市场经济和消费社会条件下非物质文化遗产的一种重要价值形态,是非物质文化遗产价值体系的价值利用。只有将非物质文化遗产中许多有条件的传统文化资源转化为文化生产力,带来社会经济效益,才能有更多的资金反过来用于非物质文化遗产的保护和发展。无论是有形的文化遗产,还是无形的文化遗产,都应在确保文化遗产不被破坏的前提下,不断往其中注入新的文化内容与形式,进行创意产业化产品开发,使产品尽可能进入市场,通过切实可行的市场运作,完成对文化遗产的保护及对其潜能的开发,实现文化保护和经济开发的良性循环互动。

当前,越来越多的国家和地区已经充分认识到,积极发掘非物质文化遗产资源,保护和恢复传统礼仪、节庆仪式,就可以此吸引大批游客,创造可观的经济收入。人们不仅重视传统节日、文化庆典、祭祀习俗、宗教信仰,而且更重视保护少数民族文化,给予其较好的保护、传承条件,除了从维护文化生态、保护文化多样性的角度考虑外,也是看到了在这些独具风情的民族地区发展文化旅游能够创造巨额经济收入这一现实情况。当经济收入增加后,这些地区就有条件加大对非物质文化遗产保护资金的投入力度,推动更多的传统文化创意产业不断涌现发展,并给传承人提供更好的传承、保护与创新条件,提供更好的经济保障和生活条件,使之更加安心地从事非物质文化遗产的保护、传承和创意产业化工作。

非遗文化产品具有社会价值和经济价值,但与其他价值相比,经济价值应该属于从属地位,而且经济价值不能成为判断一个非遗文化产品社会价值的基本标准。但在市场经济至上的现实生活中,经济利益通常会成为某些非遗文化产品的选择与判断标准。在这种错误标准的影响下,名茶、名器、名吃等老字号成为重点创意开发对象,而那些远离市场,确实需要保护的濒危非遗项目往往会被冷落,甚至被忽略。此外,即使进行创意产业化,我们看重的也不是该非遗文化产品当下的经济价值,而是看它究竟保留了多少独特的技术与工艺。正是由于这个原因,在非遗创意文化产品和项目的选择上,我们不能去选择那些根据民间技艺、家传秘方等研发出新产品的现代企业,而要选择掌握着独门绝技与家传秘方的老艺人、老匠人或是那些百年老店。宁波在非遗文化创意产品的产业化发展过程中,更需要考虑现代企业和现代加工制造技术给传统技艺带来的冲击与挑战。例如在根雕木雕、针织刺绣、草席草帽编制、雪菜腌制、陶器瓷器制作、汤圆年糕食品制作等非遗文化资源上,都必须充分考虑到这一点。

创意产业最显著的特征就是鼓励个人创造力的无穷释放。这种释放创造了新的产品和新的市场需求,可以通过创意将各种资源转化为资本经营,为经济发展开拓广阔的天地。创意产业能够直接促进产业创新,在各产业融合的基础上形成新的产业领域,加快产业结构升级的步伐。[①] 当前,我国经济发展高度重视产业结构的协调与升级,尤其重视文化产业这一新兴的朝阳产业所蕴含的巨大市场潜力。非遗创意产业是文化产业的重要组成部分,也是其重要的经济增长点。开发非物质文化遗产的经济产业价值,孵化新兴的创意文化产业部门和行业,对转变宁波经济增长方式和升级调整产业结构具有重要意义。

总之,在强调对非物质文化遗产进行本真性、原生态保护的同时,也要有

---

① 孙福良.创意产业基础理论研究[M].上海:学林出版社,2014:47.

适度的市场经济观念,对传统文化的产业价值保持清醒的认识,对那些既能显示传统文化特色,又有经济开发价值、市场开发前景的优势非遗文化资源、非遗项目等,要敢于树立产业化发展思路,进行科学的创意产品定位、制订合理的市场营销策略,集中力量培育优势非遗创意文化产品品牌,将传统文化资源优势转化为产业经济优势,充分实现非物质文化遗产的经济价值。

第二节　宁波非遗创意产业的价值与内容建设

在我国《非物质文化遗产法》的非物质文化遗产项目分类中,非物质文化遗产包括传统口头文学以及作为其载体的语言,传统美术、书法、音乐、舞蹈、戏剧、曲艺和杂技,传统技艺、医药和历法,传统礼仪、节庆等民俗,传统体育和游艺等项目。宁波创意产业可选择具有可开发性、具有市场性和创意产业价值的项目,因地制宜,结合独具地方特色的非物质文化遗产项目进行市场开发和产业化运作。

一、民间故事的创意价值

宁波地区有着丰富的民间神话、传说、故事等(见表3-1),这些是农耕时代和农业社会民众精神的体现,有的产生在山区平原,有的孕育在湖旁海边。山民、湖民、渔民的生活都很苦,但人们在贫困生活中的乐观向上精神,在民间传说故事、戏曲、歌谣中有大量反映,形成了各种各样的民间戏曲、表演、歌谣、节庆、服饰、饮食等文化形式。人们通过对这些非物质文化遗产文化的创造和传递,疏解了日常劳作的辛苦,并在观看、参与过程中享受到了文化的审美愉悦。以宁波地区为代表的浙东非遗民间传说与故事是现代社会文化创意内容的直接来源,可以将其改编成各类体裁和不同载体的创意文化产品,发展非遗文化创意产业。

表 3-1　宁波地区部分民间故事与传说

类型	内容
宗教故事	布袋和尚传说、舜的传说、妈祖信仰、观音传说、东海龙王信仰、四明山道家传说
名人传说	梁祝传说、谢阁老传说、徐福东渡传说、赵五娘传说、方孝孺传说、董孝子的传说、田螺女传奇、乐涵的传说、陶弘景传说、康王落难故事、戚继光抗倭传说等

续表

类型	内容
民俗故事	八月十六过中秋、十里红妆婚俗、三月三风俗故事、象山渔民开洋谢洋节等各类节庆来历、演变故事;慈城庙会、它山庙会、梁祝庙会等各类庙会故事;臭豆腐、月饼等各类食品故事、笑话寓言等
动物故事	鱼类故事、长街泥螺、热贴鱼、虾虫笑黄鱼、老虎求医、美女蛇等
植物故事	土特产传说、奉化水蜜桃传说、洞桥西瓜、百草故事、半边南瓜等
山水传奇	上林湖传说、东钱湖传说、奉化山传说、福泉山传说、桃花渡传说、各类风水传说等
风物传说	象山港传说、雪窦寺传说、鼓楼传说、天封塔传说、古桥传说、古街传说、古建筑故事等

2006 年 6 月,由中央电视台、央视动画有限公司、浙江天台县委宣传部等联合制作的国产动画片《小济公》(共 52 集、每集 12 分钟)开播,故事源自浙江非物质文化遗产项目"济公传说";2014 年 10 月,在中央电视台少儿频道首播的、由大慈文化传播有限公司制作的、以教育为主旨的原创动画作品《布袋小和尚》(第一季全集 52 集,每集 13 分钟),故事源自宁波非物质文化遗产项目"奉化布袋和尚传说"。宁波奉化雪窦寺与"布袋和尚"的故事还开发出《布袋和尚》《布袋和尚新传》《弥勒传奇》《一心和尚》等多部电视剧、动漫。整体上看,《小济公》《布袋小和尚》故事内容偏于"神化"、成人化,且动画视觉呈现比较平面化,模仿国外动漫制作模式的现象严重。由此可以看出,我们在技术上需要紧跟时代潮流,在故事内容制作的故事性和艺术感染力上要更加亲民与接地气,还需进一步加强原创力和传播力。

目前,宁波民间故事题材已开发有《小济公》《布袋小和尚》《少年阿凡提》等动画片,相关题材还有谢阁老传说、徐福东渡传说、赵五娘传说、方孝孺传说、董孝子传说、陶弘景传说、乐涵传说、戚继光抗倭传说等,都可以进行影视、动漫的创意产业产品创作。民间故事进行创意产业化,一方面,可以使人们更好地认识文化传统;另一方面,这些传统文化的传播对象广泛,适宜各类社会群体,具有良好的非遗文化历史传承意义。对民间故事进行创意性的改编和创造,将其开发成影视剧节目和戏曲,形成影视文化产业,这方面已有经典的"梁祝传说"作为成功先例,除此之外,宁波海曙的天一阁、缸鸭狗、方孝孺、田螺女以及宁海的十里红妆等也完全可以拍摄成电影或电视剧。

实际上,当前各国大多文化创意产品的故事内容多半来源于各自的历史文化传统,再在此基础上进行文化创意产业的跨界融合,即文化创意产业各门类之间,以及与其他行业之间的互相渗透、融合。一个明显的应用趋势就是:

在演艺、会展、文化与媒体的结合中,文化创意产业成为媒介内容创意和开发的重要源泉,获得广度和深度的传播。[①]

二、宁波传统表演艺术与非遗创意产业

(一)传统表演艺术创意的社会价值

宁波非物质文化遗产中有大量的传统戏曲、曲艺、游艺、戏剧、舞蹈等,只要专注精品、创新形式,结合文化、体育、旅游、会展等市场走产业化道路,传统表演就能焕发新的艺术生命力和生机。甬剧、姚剧、木偶、宁海平调、宁波走书等宁波非物质文化遗产近年多次赴德国、法国、美国、英国等国家进行展示,对宁波传统表演艺术的产业发展起到推动作用。浙东文化源远流长,宁波地区的戏曲协会、专业剧团以及演艺公司等,将河姆渡文明、海洋文化等结合在一起创作出新的戏曲、戏剧、歌舞等,将传统表演艺术与现代文化演出进行结合,使得传统艺术在现代社会有了更多的市场价值。

宁波地区有各类戏剧、曲艺、舞蹈等数十种非遗项目。其中,传统戏剧有甬剧、姚剧、宁海平调、提线木偶、布袋木偶戏等;曲艺有宁波走书、唱新闻、宁波评话、四明南词等各类吹拉弹唱;传统舞蹈有龙舞、犴舞、奉化布龙、宁海狮舞、渔灯舞、跑马灯、车子灯等。这些传统戏剧戏曲舞蹈,有着较强的艺术生命力和感染力,无论是在舞台剧场,还是在节庆、游园、体育、旅游、会展等公众场合,都备受观众的喜爱和欢迎。

2010年8月1日,在上海世博会浦西园区全球城市广场的"宁波特别日"活动中,奉化布龙、宁海平调耍牙、十里红妆等荟萃了宁波地区非物质文化遗产精华的精彩文艺展演,不仅向来自海内外的游客展示了宁波独有的地方传统文化,送上了丰富的宁波文化大餐,也让大家真切地感受到了港城宁波独特的文化魅力。这些不同内容的曲艺戏剧表演中充满了宁波传统文化元素:"奉化布龙"上下翻腾的矫健身姿,颇具翻江倒海的磅礴气势,展现了宁波人的铮铮风骨;"宁海平调"是宁海古老的戏曲剧种,其中的耍牙表演粗犷中不失细腻,是"宁海平调"表演中的独门绝技,具有很高的艺术价值。与此同时,"十里红妆"器乐表演、"水火流星"民间杂技以及歌曲《哎格仑登哟》等宁波精品文艺节目更让众多游客驻足观看。[②] 在多元文化汇聚交融的世博大舞台上,这些

---

① 翁昌寿.文化竞合:华语文化创意产业特色与路径[M].北京:北京大学出版社,2013:130.
② 吴俊琦,许敏丽.世博"宁波特别日"精彩上演[N].宁波日报,2010-08-02(A1).

非物质文化遗产项目不仅展示了宁波现代、开放、文明的良好城市形象,而且通过世博会的载体推介了宁波传统表演艺术的魅力,更好地推动了宁波传统表演艺术走向市场。

(二)非物质文化遗产表演艺术的创意之路

宁波有着极其丰富的传统表演艺术文化遗产,艺术积淀深厚,也有着职业化、市场化的演出历史氛围。只要坚持以原生、本土文化为"原点",吸纳现代社会生活的诸多元素,制作出既具有原生态的传统文化内容,又有与现代社会生活接轨的新颖文化产品,就能走出一条新的非遗表演艺术创意产业发展之路。

第一,坚持内容创新,培养文化消费的市场主体。非遗表演艺术都是依托于传统文化进行的,但由于时代和社会生活的发展变化,需要增加新的内容、表现形式和表现手法,在现代社会以新的面目出现,通过各种场合、不同形式的演出和展示,唤起民众对传统艺术文化的热爱,逐渐培养出一批文化消费的市场主体。

第二,坚持原生态,依托传统特色,融入现代元素,精心制作一批演艺精品。从我国文化艺术发展的历史来看,一台戏剧或曲艺可以救活一个剧种,并将其不断延续下去。宁波拥有丰厚的戏曲戏剧资源,在当前非遗保护和传承深入人心的环境下,要进行表演艺术的创意产业化,就需要对宁波传统的戏曲戏剧进行加工和改造,融会贯通,在吸收传统文化精髓的基础上进行创新,对语言、音乐、动作、服装、色彩、灯光等方面都进行创意设计,使之符合现代社会文化审美意识,这样更有利于传统戏曲戏剧等表演艺术的推广与普及,利于传统戏曲戏剧更好地走向现代社会商业市场。

第三,运用现代科技手段,营造视觉文化传播效果。现代社会科技的发达给传统艺术带来了更多的表演和发挥空间,在一场舞台演出中,运用声、光、电等现代科技手段,实现传统艺术与现代科技的巧妙融合,让观众既享受传统艺术的文化韵味,又感受到现代科技的魅力,是传统艺术创新的一条新的路径。宁波的非遗表演艺术创意产业要依托专业表演的剧团、社团和演艺公司,按照现代演出模式,请专业演出公司进行策划、设计和营销,结合商业市场进行表演、巡演和专业演出,走出非遗表演艺术的产业化道路,通过经济价值的实现来反哺传统文化的保护和传承。如2014年12月22日,由宁波市华侨豪生大酒店和爱珂文化集团联袂打造的、宁波华珂剧场出品的《明秀·大航海》正式上演,作为年度文化盛宴和旅游剧场,《明秀·大航海》将宁波海洋文化、天一阁藏书文化、月湖文化、浙东民俗文化、甬剧戏曲文化及都市文化融为一体,观众不仅可以看到天一阁、月湖等为宁波人所熟悉的文化地标,还能欣赏甬剧唱腔,感受到非常鲜明的宁波元素和宁波符号。①　整个剧场舞台场景宏大、色彩缤纷、造型新颖、舞美精致,整场表演在舞台声、光、电、乐等现代特技的烘托下,使观众真正享受到了一场传统文化现代表演的视听文化盛宴。观众不仅领略到舞台表演艺术的魅力,而且深刻感受到非遗传统文化的内涵。

第四,通过参与互动,让观众体验非遗表演的艺术魅力。例如运用在川剧艺术中塑造人物的川剧脸谱(变脸),让几个人或一行人同时站在摄像机前,屏幕上瞬间变幻出好几张不同脸谱,具有较强的娱乐性。此外,布袋木偶戏、木偶摔跤、提线木偶等具有较强的娱乐性和观赏性,尤其备受孩子们的青睐和喜爱(见图3-2)。在一些舞台、会展、场馆中,不仅可以进行现场表演,而且还在一些"橱窗"中设置了提线木偶,如大家耳熟能详的《西游记》《三国演义》中的人物以及王婆等丑角式的夸张人物形象,每个木偶身上有十几根提线,连接着头、身体和四肢的重要部位。观众或游客只要摁其中一个按钮,"橱窗"中的木偶人物便抬手"起舞",做出各种动作,这样就能够使观众或游客现场体验和享受到自己耍木偶的乐趣。这种互动式的表演创意设计,有着一定的市场吸引力。

图3-2　2016年宁波东亚非物质文化遗产博览会上的提线木偶表演

①　李峥莹.《明秀·大航海》——甬城扬帆启程［EB/OL］.(2014-12-23)［2016-06-06］. http://
nb. ifeng. com/nbxw/detail_2014_12/23/3325967_0. shtml.

第五，培养非遗演艺表演专业人才。将非遗中的传统戏剧、曲艺、舞蹈等进行创意产业化，需要大量专业的编导、舞蹈和表演等人才，不仅要有专业的演艺表演队伍，而且要保证专业表演队伍的稳定性和长期性。将一部传统的戏剧、戏曲或舞蹈搬上舞台，是一项综合系统的演出工程，需要一个专业的剧团、一个专业的演艺公司和大量的专业演出人员作为基础保障。因此，需要在相关戏剧、音乐、舞蹈类型的高校，甚至是在职业学校、中小学等，设立传统戏曲专业，为传统戏剧、戏曲文化的产业化建设培养更多的专业人才。

三、宁波非遗与传统手工艺

我国传统手工艺产品大致可分为两种：一种是实用型，一种是收藏型或者鉴赏型。它们不仅具有一定的实用功能，而且艺术性、收藏性也很强，不仅装饰美化了普通百姓的日常生活，而且也发挥了娱乐、教育等功能，提升了人们日常生活的品位和趣味。宁波具有悠久的手工艺传统，鄞州、象山、宁海、慈溪等地都有各自具有代表性的传统文化手工艺品和民俗产品。这些传统手工艺具有较强的创意价值和市场价值，是宁波非遗创意文化产业不可多得的内容来源。

（一）传统手工艺的创意价值

手工艺品，俗称"民间手工艺品"，是指劳动人民为满足生活需要和审美要求，就地取材，以手工生产为主制作的各种工艺美术品。手工艺品种类繁多，如手工刺绣、瓷器、竹编、草编、年画、蜡染、手工木雕、根雕、骨木镶嵌、泥塑、剪纸、风筝、民间玩具等。手工艺品来源于现实社会生活，却又创造了高于社会生活的价值。它是人民智慧的结晶，充分体现了人类的创造性和艺术性，是人类的艺术瑰宝。

手工制作工艺在我国民间有着悠久的历史，是中华民族文化艺术的瑰宝，它以其悠久的历史、精湛的技艺、丰富的门类，蜚声海内外。明末科学家宋应星(1587—1661)撰写的《天工开物》记载了明朝中叶以前中国古代的各项技术，附有121幅插图，描绘了130多项生产技术和工具的名称、形状、工序。这部著作对中国古代的各项技术进行了系统总结，收录农业、手工业、工业——诸如机械、砖瓦制作、陶瓷制作、硫黄制作、纸制作、火药制作、纺织、染色、制盐、采煤、榨油等生产技术。几千年来，传统手工艺产品始终是代表中华民族的一大特色产业。传统的手工艺品既是文化艺术品，又是日常生活用品，与人民生活息息相关。

在追求个性化的今天，手工制作产品以其独特的艺术魅力、装饰和实用的性能、手工制作随心所欲的乐趣,已经不可抗拒地在现代都市流行,渗透到人们生活的方方面面。现代社会利用传统手工技艺,结合现代社会生活和文化元素,可以创造出更具文化内涵和时代特征的手工艺品,满足人们对于传统的怀念与人文艺术的审美,提升精神生活层次。有人说:"这是因为怀旧,是一种对往昔手工岁月的追忆"。人们在使用现代化技术去制造手工产品的时候,不断出现的模式化、复制化、批量化的物质产品也会让人产生审美疲倦,从而逐渐对久已消失和正在消失的传统手工艺品产生了怀念(见图 3-3)。

　　随着经济发展水平的提高,民众精神层面的消费需求与消费取向不断提升,传统手工艺品作为一种文化创意产品,具有广阔的发展空间和巨大的经济价值。因此,传统手工艺品的回归,不是传统生活方式的回归,而是一种人文艺术修养的需要,是精神生活的更高要求。无论怎样,手工艺品作为中华民族传统文化的艺术瑰宝,确实给民众带来物质和精神方面的双重享受,同时也孕育了一个广阔而又巨大的市场产业前景。

图 3-3　2016 年宁波东亚非物质文化遗产博览会上的草帽工艺品

　　手工艺品历来是我国的传统出口产品,手工艺品不仅形式多样、生动有趣、成本低,而且制作精美、造型独特、价格低廉,所以拥有广大的消费者群体,特别是在旅游市场一直有着较大的占有率。我国有着传统的手工艺品收藏历史,随着文化、旅游市场的繁荣发展,在一批手工艺人的精心创作下,不同类型的手工艺产品不断推陈出新,逐渐市场化,深受国内外消费者和收藏者的喜爱,发展前景非常乐观。

目前,我国国内一些比较大的手工艺品公司与企业,以及大量专业的手工艺品制造商,运用不同的创意产业化的市场运作模式,自己创新策划、设计、生产、加工和制作有市场需求的手工艺精品,通过旅游市场、商品交易会、展览会以及一些电子商务方式,大部分手工艺品迅速占领国内产业市场,并且出口比重逐年超越国内市场。近些年来,尤其是长三角、珠三角一带的手工艺品生产加工企业发展势头良好。

（二）传统手工艺创意产业实践

振兴传统手工艺产业,需要将其与创意文化产业紧密结合。手工艺作为农业时代的生产力与生产方式,可以通过与现代创意结合以适应现代社会产业发展。同时,传统手工艺本身就是创意产业的优良资源宝库,可以提供无穷无尽、取之不竭的创意源泉,与现代创意产业的结合赋予手工艺品一定的文化内涵,同时提升创意手工的文化品位。

1.宁波非遗剪纸创意产业

剪纸,又称剪花、窗花、铰花、喜花。在中国传统民间艺术中,剪纸是发源较早、流传广泛的一种民间艺术表现形式。剪纸蕴含着中华民族悠久历史中的丰富的人文信息,具有很高的美学价值。宁波非遗中有剪纸、皮纸、刻纸、纸扇等传统手工技艺,可以整合传统技艺、表现手法以及现代流行元素,发展现代社会创意剪纸业,打造宁波非遗创意纸业产业链。

剪纸通过画、折、剪、刻等方式展示生动的艺术形象,通过巧妙的艺术语言表现人文经典,呈现最精美的中国文化。随着现代科技的发展,电脑绘图将传统的手工剪纸变成工厂流水线上的产品,照着样本剪、刻是件很容易的事。但实际上剪纸是一门艺术,每幅作品都有作者个人的魅力依附在上面,这是现代电脑绘图技术手段所不能达到的。正因为如此,传统剪纸在现代科技和社会文化发展的推动下,才有了更多的创意发展空间。

在2010年上海世博会上,定价240元的金色世博剪纸书签礼品装,卖到脱销。身着唐装、和服、墨西哥风情服装等的10款海宝剪纸,被制作成为金属剪纸书签,这个创意让很多人称赞不已。这是剪纸作为非遗创意项目走向市场的成功典范。[①]

---

① 汪广松.非物质文化遗产的创意价值[M].北京:中国社会科学出版社,2015:62.

山东是我国民间剪纸主要发祥地之一,胶东、滨州、茌平等地剪纸种类繁多、用途不一:用于节日的"门笺"、窗花、墙花;用于送礼的礼花、喜花;用于刺绣底样的鞋花、兜兜花、衣花等,在很多商店、专卖店、文体用品市场、小商品市场等,均能见到技艺精湛、样式精美的山东手工剪纸产品(见图3-4),在一定程度上形成了文化产品市场的应用规模。

图3-4 山东非物质文化遗产民俗手工艺品馆的剪纸

在民间剪纸的创意发展过程中,要全面看待剪纸文化和剪纸艺术,充分发挥其鲜明个性和文化特色,围绕剪纸题材内容和表现手法做足文章。其实剪纸作品本身即是一种商品,也可以衍生出更多其他类型的文化产品与服务,如剪纸艺术馆、剪纸手工坊、剪纸动画、展览会、博览会等,将剪纸和各种类型的社会文化活动融合起来,从而更好地推动剪纸创意文化产业发展。因此,剪纸创意不单单是创造品质优良的剪纸作品,还应该从社会文化活动诸方面借鉴其他艺术形式,大胆创新,充分挖掘其文化内涵和社会生活元素,发展具有创造力的文化产品及其产业链。

传统剪纸在我国民间节庆、喜庆之中有着广泛的市场需求,投资小、见效快,能形成规模化、产业化发展道路。宁波地区非遗剪纸项目有着具有影响力的剪纸生产和发展基地,非遗剪纸项目对本地文化产业的发展,起着极其重要的作用。

第一,剪纸产业要走"公司＋基地＋工作室"的创意生产模式。剪纸产业要想大发展,必须要接受新的事物、新的观念、新的运作模式。当社会有了消费需求时,剪纸艺术工作室,即宁波许多的家庭手工作坊,能够按照市场要求进行创意设计、加工和制作,然后通过非遗基地的一批艺术人员进行复制生产,最后由企业或公司进行包装和销售。宁波剪纸老艺术家乐翠娣是著名的非物质文化遗产传承人,她的剪纸是传统的民间剪纸,作品具有独特的艺术价值。她目前主要是为一些企业做剪纸图案的设计,比如手袋、服装等设计需要剪纸作品,可以向她定做剪纸图样。

第二,发展创意剪纸产业,走商业化与专业化结合的道路。时代的发展和变迁,人民群众的物质生活水平提高了,精神消费需求也提升了,人们就不再满足于一般水平的剪纸产品。他们重视的不再是剪纸的价格,而是看重剪纸的适用性和贴近生活性,而且更看重剪纸作品的艺术品格和收藏价值。因此,通过挖掘宁波剪纸的地方文化内涵和特色,保持宁波地区独有的文化特色,才会有更好的市场发展潜力。随着一些剪纸艺术家和他们的作品开始介入到商业圈中,一些精品剪纸在市场出现不菲的价格,也和其他高档工艺品一样进入到商业精品区。但要真正使剪纸市场得以良性发展,必须在剪纸的设计、制作、销售体系上投入更多的精力,逐步形成剪纸产品的创意化和专业化。也有一些老艺人,坚守内心的信仰,或者通过自身创意发展剪纸作品,使得民间剪纸呈现出另一种活泼新生的面貌。

第三,加强剪纸产品的创意性和艺术性。宁波剪纸产业要勇于创新,集多种艺术为一体,将艺术效果与现代人的审美趋向融合,雅俗共赏,既有艺术人群又有普通大众,才能使剪纸产品有较为广阔的市场前景。宁波应在保持原有民间剪纸魅力的基础上,通过一批剪纸艺术家、民间剪纸艺人和剪纸技术人员的创意生产,推动创新现代剪纸的发展,引导剪纸走产业化发展的道路,加快宁波剪纸艺术的发展。宁波象山"中国民间工艺美术家"谢才华从越瓷受到启发,通过精研细剪,把剪纸图案贴到瓷盘上,创制独具海洋文化特色的工艺陶瓷,申请专利,寻找投资。谢才华大胆突破传统剪纸手法,发明了套色剪纸法、青花瓷盆画剪纸等表现手法。2010年宁波象山的中国开渔节上,谢才华更是别出心裁,把自己的海洋文化剪纸作品固定在100只青花瓷盆上进行展示。"善待海洋"和"渔文化"在上海世博会宁波滕头馆举行的"世博开渔之旅暨象山周活动"中展出,而且他的剪纸创意作品经常在国内各大博览会、展览会、博物馆等会展进行艺术展出,对剪纸艺术起到了极大的市场传播效应(见图3-5)。

第四,坚持传统技艺,创新手工技法。市场化、商业化的冲击,对剪纸艺术作品有了量的需求,因此电脑绘制、设计和制作等给剪纸传统手工技法带来了

图 3-5　2016 年宁波东亚非物质文化遗产博览会上的象山才华剪纸

较大的冲击和影响。但这也会导致剪纸艺术作品制作材料、手法相同,产品极易仿制,容易出现"千纸一面"局面。所以,宁波剪纸艺术要通过非遗传承人、民间艺人、专业剪纸技术人员等,创新剪纸制作手法、技巧,在剪纸内容、题材、风格方面突出浓郁的地域特色,以淳朴的乡风民情等为主题进行系列策划、创作,这样才能形成具有浓郁的乡土风情和人文特色的剪纸艺术品牌。宁波海曙的张蓓琳在传统的剪纸通过画、折、剪、刻等多种方式展示形象的基础上进行了创新,创新出双色剪纸、多色剪纸和立体剪纸。受到宁波三北地区民间以一种彩纸为主、数种彩纸叠贴点缀技法的启发,慈溪市文化馆颜启晖和画家余海军等人,探索出了一种大型农民画新样式剪纸画。画面开幅一般较大,或单为纸贴,或剪贴和色彩染画相结合,颇富创意。

第五,剪纸艺术要走进学校、街道社区。青少年学生具有创造性,拥有敏锐的眼睛、超强的动手能力,不仅可以很快学会剪纸,对剪纸这种艺术形成有效的生命力传承,而且更重要的是可以成为剪纸艺术传承人,创新和发扬非物质文化遗产。宁波非遗剪纸目前已在余姚丈亭龙南小学、余姚曹娥小学、慈溪市横河镇中心小学、北仑高塘小学等学校成立非遗传承基地,朱祝绒、许爱妹、胡秀美、任华央、张其培、胡维波等一大批非遗传承人经常走进学校,不仅将剪纸技艺传给年青一代,而且培养他们对剪纸艺术的热爱。北仑高塘小学 20 世纪 80 年代开始推广剪纸教育,经过闫文青、胡维波等几代老师的努力成为全国剪纸教育的典型。这个学校开设剪纸课,有专职老师,有特色教材,并将剪纸课纳入教学计划,有低、中、高不同的层次。他们聘请剪纸非遗传承人乐翠娣、谢才华、张其培来校授课,通过剪纸教学培养学生的细心、耐心、专心、爱美之心。单是把孩子们的剪纸习作汇集起来,就是一个剪纸艺术的海洋了。当剪纸文化转化为校园文化的时候,当民间剪纸在校园真正找到了传承人的时候,学生们带着剪纸艺术走向社会,其意义已经不再局限于剪纸本身了。宁波大红鹰学院人文学院还把剪纸引入文化产业专业,学生们学习剪纸、研究剪纸、推广开发剪纸艺术,举行各种剪纸艺术、服装秀等活动。宁波市这样的教育典型很多,比较普遍,他们找到了剪纸自身发展与教育改革两个方面的交合点。

宁波的剪纸走向市民社区活动,走进家庭教育,也是通过剪纸教育实现的。剪纸艺术家张蓓琳是一位下岗女工,偶然的机会,在剪纸艺术大师罗枫影响下,爱上了剪纸艺术。她刻苦钻研创作,多次参加全国展评并获奖。现在她已经在宁波老年大学教剪纸多年,积极探索立体剪纸、剪纸挂件、彩色叠纸、剪纸服装等多种剪纸艺术形式并传授给学员。她的剪纸创意教学与现代多媒体结合,和学员一起互动参与,老人们在她的带动下,创作了许多优秀作品。

第六,剪纸艺术专业基地建设和专业人才的培养。宁波已经成立了许多非遗项目传承基地,建立了一支高素质的专业人员队伍,政府采取重点扶持政策,鼓励民间艺人带徒授艺,对传承人给予必要的政策和资金支持。开展剪纸传承人命名活动,对中青年艺术骨干专门建档,给予鼓励和跟踪培养,建立传承人才资源库,形成一个强大的创作团队。同时,通过对高校、职专职校等专业人才的培养,建设一支有文化、懂经营、会管理的剪纸产业经营者队伍,让他们拓展剪纸艺术市场进行市场运作,他们是不可或缺的重要力量和关键所在。

第七,政府要进行扶持和引导。剪纸创意产业作为新型的文化产业的组成内容,要想走出产业化的道路,需要政府部门的大力扶持和帮助。政府首先要站在大文化的高度上,调整剪纸产业结构,鼓励创新,发展流派,树立品牌,引进新的发展模式、新的管理办法。其次,通过剪纸协会、发展研讨会、展销会等形式,开阔剪纸经营者的视野,更新设计人员的创作理念。政府部门应成为剪纸创业产业化、市场化的智囊团,为他们策划、宣传、推销产品提供帮助。最后,政府部门要帮助剪纸创意产品扩大市场,在采购和对外宣传上为他们提供支持,给剪纸创意产品创造更大的市场。

2.宁波朱金漆木雕的复古创新

宁波朱金漆木雕简称"朱金木雕",是雕与漆并重的汉族传统工艺,主要技艺是在木雕上贴金漆朱,构图特点为吸取汉族民间绘画和文人山水花鸟的优点,并刻有诗句、题款和印章。朱金漆木雕造型古典、生动,刀法浑厚,金彩相间、绚烂富丽,具有浓郁的民族风格和地方特色。它以浙江省宁波市为中心,延及慈溪、余姚、奉化、象山、宁海、镇海、鄞州等地。2006 年 5 月 20 日,宁波朱金漆木雕经国务院批准列入第一批国家级非物质文化遗产名录。

朱金漆木雕以樟木、椴木、银杏等优质木材为原材料,通过浮雕、圆雕、透雕等技法,雕刻成各种人物、动植物等图案花纹,运用贴金饰彩,结合沙金、碾金、碾银、沥粉、描金、开金等工艺手段,撒上云母或蚌壳碎末,再涂上传统的中国大漆制成,图案造型古朴,刀法浑厚。宁波的天童寺、阿育王寺、雪窦寺等著名的寺院里,很多佛像在造型上运用了这种工艺。除"千工床""万工轿"等较典型的朱金漆木雕家具外,还有用以迎神、赛会、灯会的雕花朱金木船、鼓亭、台阁及宗教造像、古戏台等也都称得上是绝妙的民间工艺精品。

在历史上,尤其是明清以来,宁波朱金漆木雕广泛应用于社会民间、日常生活,包括日用器具陈设、佛像雕刻、家具装饰等,特别是婚娶喜事中的"床"和"轿"都用到朱金漆木雕,既讲究又有排场,因此有"千工床""万工轿"之说,其实就是就它的复杂手工技艺程序而言的。2015 年,宁波朱金漆木雕代表性传承人陈盖洪带领十几位技术人员耗时 3 年,耗资 80 万元,打造了一顶享誉国内外的"万工轿"(见图 3-6)。该轿成为国家级非物质文化遗产宁波朱金漆木雕的代表作,2014 年获得了第九届中国民间文艺山花奖。该花轿长 2 米、宽 1 米、高 2.8 米,重约 200 公斤,由 8 人肩抬,故又称"八人大轿"。该轿以百年老樟木为材料,共有 238 个能拆卸的单个配件;运用了浮雕、圆雕、透雕、镂空等多种技法,刻有 318 个人物、386 个飞禽走兽及多种吉祥图案,体现"逢图必有意,有意必吉祥"的主题。[①] 另外,用以迎神赛会和参与灯会的雕花木船、鼓亭、台阁等也均以朱金漆木雕制成,皆是绝妙的民间工艺品,具有较高的创意文化内涵。

宁波朱金漆木雕传承人陈盖洪还积极创新传承模式,一方面,设立朱金漆木雕艺术馆进行艺术成品的展示,将艺术馆与厂店的现代工艺制作相结合。艺术馆后面厂区中的泥塑车间、木匠车间、油漆车间,通过朱金漆木雕技艺流程展示、现场制作、图文引导等多种形式,培养了一支专业的朱金漆木雕手工艺人队伍;另一方面,打破"传子传媳不传女"的家族式传承方式,向现代手工

① 陈怡.揭秘宁波万工轿:费时三年,不用一枚铁钉[EB/OL]. (2015-09-06)[2016-06-06]. http://zj. people. cn/n/2015/0906/c228592-26258004-8. html.

图 3-6   宁波鄞州朱金漆木雕艺术馆的"万工轿"

技艺人员培养模式转变,开设了宁波朱金漆木雕工艺班,使更多喜爱该门技艺的人员有了学习技艺的机会,打破了传承的单一性和局限性。市场经济的兴起,朱金漆木雕技艺在现代社会文化生活中又得以广泛应用,其中发展最迅速的是宗教造像、旧家具和中式建筑的复兴,带动了宁波市区周边以陈盖洪为代表的以朱金漆木雕为业的手工作坊、工厂和企业的迅速发展壮大,也带动了宁波朱金漆木雕创意产业化的发展。

当然,宁波朱金漆木雕工艺现在也存在工艺大打折扣、其鼎盛时期的那种"十八道工艺"的传统技巧和出神入化的表现能力不如往昔等诸多弊病。过度的市场化、商业化等也会造成传统文化的变味,但传统手工技艺的产业开发亦不能脱离资源和市场。对此,宁波朱金漆木雕的产业开发也要保持适度的原则,既要注重产品的经济效益,也要促进传统文化生态与区域经济的协调发展。

因此,宁波朱金漆木雕的创意产业发展既要保护好传统手工技艺,又要科学运用到现代创意文化产业,需要注意以下问题。

首先,传统手工技艺的创意开发要力图再现传统文化的风情和情景。宁波朱金漆木雕展现了独特的地域特色和风土人情,在进行木雕题材选取、内容再现、场景构图以及表现手法上,不但要延续传统文化的内涵底蕴,而且要在历经千年传承的"三分雕刻、七分漆匠"的精湛工艺基础上,做到形式多样、体现个性,防止手工艺产品的雷同。

其次,原生态和现代生活元素的结合。宁波朱金漆木雕与当地的社会民众日常生活密切相连,木雕内容反映了浙东地区民众独有的传统生活状态。在进行创意产品的开发时,把握原生态的艺术灵魂,巧妙结合现代社会生活元素进行创新,是传统民间文化得到健康、稳定和可持续发展的重要手段。[①]

最后,手工艺产品市场定位要明确。在一个充满竞争和挑战的文化产品市场中,宁波朱金漆木雕要针对家具市场、装饰市场,甚至是旅游市场进行明确的市场考察和产品定位,抓住市场特性和消费者心理,吸引和带动更多消费需求。

3."宁绣"品牌的创意产业之路

宁波金银彩绣是在真丝质地的面料上用各色彩线绣制、金线和银线盘绣而成的汉族民间手工艺品之一,以其浓郁的地方特色和独有的民间风格、丰富的形象被列为国家级非物质文化遗产。金银彩绣,顾名思义就是运用金银线作为基材,辅以各种色线,在真丝质地上绣制的作品。它所表现的主题主要是民间喜闻乐见的龙、凤、麒麟、福禄寿等吉祥图案,还吸收了敦煌壁画中藻井及服饰补子图案,结合宁波刺绣盘金、盘银的传统针法,形成了独具匠心的地方风格,金银彩绣制作的戏剧服装也赢得了海内外人士的称赞。我国著名学者赵朴初赞之曰:"斟古酌今,裁云剪月;奇花异草,妙笔神针。"因工艺制作和使用材料不同,金银彩绣又可分为包金绣、垫金绣和网绣三大类。其制品主要有床罩、绣衣、靠垫、门帘、桌布、饰物和女式背包等多种类型。它既是工艺品、收藏品,又是生活日用品,更是馈赠亲友的佳品。

作为国家级非遗项目,宁波金银彩绣风格独特,色彩浓郁,表现力丰富,应用广泛,广受海内外人士欢迎。改革开放后,金银彩绣在宁波绣品厂重新得到恢复,并有作品获省和国家奖。1989年,宁波绣品厂设计和制作的大型金银彩绣立屏作品《百鹤朝阳》,为中国工艺美术馆收藏。2010年9月11日第五届中国民间工艺品博览会上,宁波的国家级非物质文化遗产金银彩绣《甬城风情图》获得全国唯一金奖。《甬城风情图》全长275厘米、宽90厘米,展现了天封塔、城隍庙、天一阁、缸鸭狗、状元楼、赵大有等处的繁华景致及舞龙、舞狮等民俗风情活动的热闹场面,绣面之上有250余名人物。这幅作品的主设计者是浙江省工艺美术大师郑洪生,他与张世君、史翠珍、沙珍珠、陆亚菊等金银彩

① 李宇辉.宁波朱金漆木雕文化产业定位探索[J].赤峰学院学报,2014(5):65-66.

绣传承人合作,费时两个月完成这幅作品。《甬城风情图》绣品几乎展现了金银彩绣的全部工艺,创作过程中不仅用了数十种金银线、彩色丝线,而且还运用鲜花绣、网绣、盘金绣、打子绣等传统针法,作品充满了宁波地域文化的特色。随着时代的变化,金银彩绣在宁波当地已乏人制作,个别中老年人虽然有艺在身,但因金银彩绣耗时长、成本大、收益小等原因而难以重操旧业。近些年来,在社会各界的关注和呼吁下,金银彩绣手工技艺重新焕发生机,并开始走向产业化之路。

借鉴各方发展经验,宁波金银彩绣可以采取以下措施:

第一,培育传统手工技艺产业园区。对于宁波地区金银彩绣传统手工艺而言,可以借鉴苏绣、蜀绣等较成熟的产业发展模式,兴建金银彩绣文化产业园,逐步形成研发基地、生产基地、展销基地、人才培养基地和民间艺术展览馆、传统手工技艺体验馆等多元途径结合的产业格局。例如宁波金银彩绣艺术馆就是一个集发掘、抢救、保护、传承金银彩绣于一体的机构,这个传统工艺传习中心,充分利用艺术馆资源,开设相关技艺传授的课程,鼓励传承人手把手传习技艺,并且通过金银彩绣艺术馆这个窗口吸引更多的艺术家、民间刺绣传人、刺绣爱好者和收藏家进馆进行刺绣艺术交流和推广。[①]

第二,建立宁波金银彩绣传承基地,广泛培养金银彩绣手工技艺传人,由劳动部门颁发职业技能等级证书。通过建立宁波金银彩绣产业园区,探索文化产业园区、传承基地、传承人"三位一体"的创意产业体系,走富民工程、文化产业和旅游产业相结合的路子,形成宁波金银彩绣产业组织化、规模化、标准化、集群化的产业布局。适时推出宁波金银彩绣文化产业项目,面向市场寻求共谋发展创意文化产业的合作伙伴,并与投资企业、营销企业签订各种产业化发展的合作协议,形成集刺绣艺术品、刺绣用品、礼品、旅游推介品于一体的文化产业链。

第三,创建刺绣文化品牌,推出精品,扩大宁波金银彩绣的知名度。通过各种手段将金银彩绣包装起来,挖掘宁波金银彩绣的文化内涵,创意设计金银彩绣产品的样式、材料和产品形式,突出刺绣在生活用品和高档消费品中引领时尚的作用,展现金银彩绣在商业文化、城市文明、田园文化中的独特魅力[②],制作各种形式的日用品、礼品、收藏品等产品系列,大力宣传宁波金银彩绣文化品牌,增加金银彩绣知名度,走小商品和精品相结合的创意产业化发展战略道路。

---

① 陈立萍.宁波金银彩绣民间艺术的传承与创新研究[N].包装世界,2015(2):8.
② 汪广松.非物质文化遗产的创意价值[M].北京:中国社会科学出版社,2015:59.

第四章 宁波非遗创意产业化路径与选择

"市场是非物质文化遗产传承的载体与传播的空间。非物质文化遗产不能独立地存在，它必须依附于某个特定的载体方能显示、传播、储存与传承。"①当前，对非物质文化遗产保护路径的探索在社会各界是被广泛关注的。但如何在"开发与保护，永远是矛盾而又必须共处的两极"②之间坚守和保护宁波非物质文化遗产，这是一个非物质文化保护和开发中面临的重要问题或矛盾。解决好这个问题或者是矛盾，便能够使创意产业化的探索对宁波非物质文化遗产产生更有效、更持久的保护和传承。

第一节 "文化十"：宁波非遗创意产业化的选择

近些年来，在文化遗产保护、建设文化软实力和发展旅游市场等各种"利好"因素的推动下，非物质文化遗产的保护与传承工作受到各级政府部门的重视和大力扶持。非物质文化遗产的保护和传承也逐渐经历了一个从保护到发展、从政策到立法、从事业到产业等单一到多元的市场化演进过程。

---

① 王松华,廖嵘.产业化视角下的非物质文化遗产保护[J].同济大学学报(社会科学版),2008(1):107-111.

② 尹凌,余风.从传承人到继承人——非物质文化遗产保护的创新思维[J].江西社会科学,2008(12):185-190.

一、宁波非物质文化遗产创意产业化的现实与可能

(一)宁波非物质文化遗产历史资源丰富

2011年2月25日,第十一届全国人民代表大会常务委员会第十九次会议通过的《中华人民共和国非物质文化遗产法》中指出,非物质文化遗产是各族人民世代相传并视为其文化遗产组成部分的各种传统文化表现形式,以及与传统文化表现形式相关的实物和场所,包括:①传统口头文学以及作为其载体的语言;②传统美术、书法、音乐、舞蹈、戏剧、曲艺和杂技;③传统技艺、医药和历法;④传统礼仪、节庆等民俗;⑤传统体育和游艺;⑥其他非物质文化遗产。为加强文化遗产保护,继承和弘扬中华民族优秀传统文化,促进非物质文化遗产保护工作规范化,我国先后启动了四批国家级非物质文化遗产名录命名工作。

截至2015年10月,宁波市的国家级非物质文化遗产代表性项目数达到23项,省级非物质文化遗产代表性项目数达到79项,市级非物质文化遗产代表性项目数达到179项,县级非物质文化遗产项目数达到520多项,非物质文化遗产代表性扩展项目数达到30项。① 宁波市自2007年以来,先后确立了非物质文化遗产传承基地72个,国家级非物质文化遗产传承人9位,省级非物质文化遗产传承人47位,市级非物质文化遗产传承人30位,非物质文化遗产代表性项目、传承基地和传承人数量在全国同类城市中位居前列。

源远流长的河姆渡文化、底蕴深厚的浙东文化等孕育了宁波悠久的历史资源和丰富多彩的文化遗产。但在工业化和现代文明进程中,宁波市大部分的非物质文化遗产已经濒临失传,一部分非物质文化遗产资源已经消失多年。2007年以来,为了传承和弘扬宁波非物质文化遗产,宁波市文化广电新闻出版局组织了非物质文化遗产田野调查工作,对宁波市六区三市二县的民间文学、民间音乐、民间舞蹈、戏曲、民间美术、民间手工技艺、民间信仰、传统体育与竞技等诸多非物质文化资源进行了普查。宁波市通过对2007年列入省非物质文化遗产普查试点所进行的普查工作,共搜集非物质文化遗产普查线索近30万条,整理项目1.2万多个,几乎达到一乡一册,出版发行总量达12函150册的宁波市非物质文化遗产普查成果。这些田野普查的1万多个非物质文化遗产项目,不仅显示出宁波市非物质文化遗产项目的丰富性,而且使宁波

---

① 林海,陈云松.非遗的生产性保护——路在脚下[N].宁波日报,2015-10-29(A16).

非物质文化遗产的传承和保护任务任重而道远。因此,在设立非物质文化遗产国家、省、市、县(区)等保护名录,建设非遗传承基地,设立非遗传承人等各种非遗保护手段和措施之外,利用丰富的非遗历史文化资源进行创意产业化开发,推出具有代表性意义的非遗文化产品,也是一条推进非遗保护和传承的有效途径。

(二)宁波文化产业增加值增速和增长比值得期待

《2014年宁波市国民经济和社会发展统计公报》中,宁波实现地区生产总值7602.5亿元,按可比价格计算,比上年增长7.6%。其中第一产业实现增加值275.18亿元,比上年增长1.9%;第二产业实现增加值3935.57亿元,增长7.9%,其中工业增加值3490.06亿元,增长7.6%;第三产业实现增加值3391.76亿元,增长7.6%;三次产业之比为3.6∶51.8∶44.6。[①] 可以看出,宁波三次产业之比并不是理想的比例结构,对石化冶金、机械机电、汽车船舶、服装纺织等支柱产业有依赖性,第三产业仍有进一步提升和优化的空间。

据统计,2014年宁波市实现文化产业增加值339.39亿元,同比增长10.1%,高于同期GDP增速2.5个百分点,文化产业增加值占GDP比重为4.46%,对区域经济增长的贡献率持续增长。[②] 以旅游业、服务业、零售业、文化产业等为主体的第三产业及产业增加值一直在提升,但对GDP的贡献率相对低于第二产业,尤其是文化产业占最终产品附加值的比例很低,而大比例的技术、设计、品牌附加值等越来越受经济社会发展中土地、人力等要素资源的制约。在市场法则的驱使下,作为第三产业重要主体之一的文化产业要自觉主动地向创意设计要效益,被称为"无烟产业"的文化创意产业是其新的增长要素,也是宁波由传统工业化向新型服务业、工业型经济向服务型经济转变的新"蓝海"。

(三)宁波文化产业发展政策的保障

我国的文化产业发展政策有着鲜明的政策取向,重在解决我国文化市场从文化事业向文化产业过渡和转型中的瓶颈问题,战略作用比较明显,因此备受各级政府部门的重视。宁波市文化局党委在《1997年宁波市文化工作意

---

① 宁波市统计局.2014年宁波市国民经济和和社会发展统计公报[EB/OL].(2015-02-10)[2016-06-06]. http://tjj.ningbo.gov.cn/read/20150210/28503.aspx.

② 陈青.宁波文化产业走上跨越式发展之路[N].宁波日报,2013-12-03(A1).

见》中提出着重开展文化产业、艺术表演团体改革的调查研究等,也首次将"文化产业"在宁波的文化建设事业中提出来;2004 年,宁波市委、市政府制定的《宁波市"十五"文化发展规划》明确提出了"实现文化新突破、建设文化大市"的文化建设总体目标。2006 年,《宁波市国民经济和社会发展第十一个五年计划纲要》又明确要求"繁荣文化事业要按照建设文化大市的要求,努力挖掘宁波历史文化精髓……加快发展文化产业"。2008 年,《宁波市文化产业示范基地评选命名管理办法》出台,推动全市文化企业向规模化、规范化发展。2015 年 6 月,宁波市委、市政府在《关于推进文化产业加快发展的若干意见》中提出"明确重点发展行业,整合文化产业园区等几个方面加强对宁波市文化产业发展的统筹谋划",其中也提出了"推动高端文化用品制造业、文化创意与设计服务业两大优势产业的转型升级"的目标与要求。一系列紧跟文化产业市场发展的政策、决策和规划,为宁波文化产业的发展提供了坚强有力的政策保障。

相关的各类文化产业发展政策、意见或规划的制定与实施,使得宁波文化产业规模不断扩大、产业发展格局不断优化,各类文化企业、具有地方特色的文化产业等发展迅速。文化产业发展总体趋向成熟的大局下,"互联网+文化""文化+旅游"作用与创意经济的影响,给宁波文化产业向新的台阶迈进提供了新的着力点和增长点。据宁波和丰创意产业园市场调研报告显示,2010年宁波市从事文化创意产业的企业有 500 多家,年产值 100 多亿元;其中宁波市文化园区吸引投资达 18.1 亿元,同年上半年实现经营收入总额达 12.8 亿元,文化创意产业逐渐成为宁波经济的重要增长极,这也显示出"互联网+文化"等高新技术对文化产业的驱动力量。

二、非物质文化遗产与创意产业融合发展

(一) "互联网+"时代的文化产业发展理念

互联网诞生与发展的 20 年,也是人类社会的政治、经济、文化、科技等诸领域发展的革命性、颠覆性的 20 年。基于技术革新、海量存储和规模扩张,当网络技术变得越来越快速化时,互联网的能量密集度的增长却落后于数据流量的增长,因此,让信息实现更快更准的收集、传递、处理并执行的物联网、大数据、云计算等成为社会行业服务的趋势和选择,全面发展信息经济的"互联网+"时代由此到来。2015 年 3 月 5 日,在党的十二届全国人大三次会议上,李克强总理在政府工作报告中首次提出"互联网+"行动计划,"互联网+"模式随之全面应用到第三产业,形成诸如互联网金融、互联网交通、互联网医疗、

互联网教育等新业态,而且正在向第一和第二产业渗透。"互联网+"不仅是新常态下创新驱动发展的重要组成部分,而且也带来了经济、文化、交通、物流、电商、教育、医疗等社会各产业领域概念的革命。当前,互联网已成为非物质文化遗产保护与传承的最有效手段之一、最佳载体和平台,不仅为非物质文化遗产保护工作带来了更为广泛的宣传、推广作用和增加了普及的便利性,更重要的是它也是"互联网+文化""互联网+创意""文化+创意""文化+科技""文化+电商"等文化产业领域中的各种理念提出的背景与思想启发点(见图4-1)。

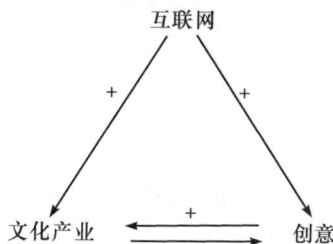

图 4-1　文化产业融合发展结构

(二)非遗创意产业:从"互联网+"到"文化+"

在探索与实践的层面上,"互联网+"将成为一个常态的社会发展趋势,与互联网相结合的项目越来越多,这些项目从诞生开始就是"互联网+"的形态。通俗来说,"互联网+"就是"互联网+各个传统行业",但这并不是两者的简单相加,而是利用信息通信技术以及互联网平台,让互联网与传统行业进行深度融合,创造新的发展形态。创意有时是简单的头脑风暴,有时又是深度的设计与创新,如再融合互联网的技术和平台,"互联网+创意"能促进更多的传统文化产业互联网项目的诞生,无须再耗费人力、物力及财力去研究与实施传统文化产业的行业转型。这也给宁波更多传统的非物质文化遗产走向产业化运作发展道路提供了可能,最终实现越来越多濒临灭绝的非遗项目得到更多更好的传承与保护。

"文化+",是以文化为主体或核心元素的一种跨业态的融合,它代表的是一种新的文化经济形态,即充分发挥文化的作用,将文化创新创意成果深度融合于经济社会各领域,形成以文化为内生驱动力的产业发展新模式与新形态。"文化+"的实质,是要实现内容、市场、资本和技术等关键要素在文化产业发展中的聚集、互动、融合和创新。① 从 2004 年到 2014 年,深圳文化创意产业增加值从 197 亿元增加至 1553 亿元,年平均增速达 23%,增加值占地区 GDP 比重接近 10%。深圳不仅形成了创意设计、文化软件、动漫游戏、新媒体及文化信息服务、文化旅游、非遗开发等十大优势行业,而且充分发挥高科技城市、金融中心城市和滨海旅游城市特色,促进文化创意和设计服务等相关产业的融合,形成了"文化＋科技""文化＋旅游""文化＋创意""文化＋金融""文化＋互联网""文化＋电商"等产业发展新模式、新业态。深圳缺乏传统历史文化的积淀,但文化创意产业却能与高新技术产业、金融业、物流业并列成为深圳四大支柱产业,相比而言,宁波市作为传统文化资源大市还是需要向其借鉴或学习经验(见表 4-1)。

表 4-1　宁波与深圳、上海的文化产业增加值十年来增长对比

| 城市 | 年份 | 文化产业增加值情况 | | 增加值占地区GDP 比重/% |
		数值/亿元	年增长速度/%	
宁波	2004	73.90		3.5
	2014	339.39	7.1	4.5
深圳	2004	197.00		4.6
	2014	文化创意产业:1553.00	15.0	9.7
上海	2004	441.40	15.4	5.5
	2014	文化创意产业:2820.00	8.0	12.0

三、"文化＋":宁波非物质文化遗产创意产业路径的选择

近年来,宁波市政府、企业与文化生产部门以文化为基因,以创意为翅膀,以"文化＋"的方式让文化与"科技""金融""旅游"等元素跨界融合,实现了从传统单一文化产业到多元、现代、高科技文化产业的演变,既催生了文化产业跨界融合发展新业态,又提高了文化产业附加值与市场竞争力,推动了宁波市传统文化产业的转型升级。

(一)"文化＋旅游":文化旅游中的非物质文化产品消费

以文化带动旅游、以旅游推广文化,"文化＋旅游"模式近年来已经成为一个新型的产业形态。文化是旅游的内涵,旅游是文化传播的载体,两者的互动

---

① 王京生.文化＋:新形势下文化产业发展的战略选择[N].中国文化报,2015-08-15(A6).

将促进彼此产业链的互补与增值,提升地方旅游文化品质与人文精神内涵。例如,宁波象山石浦古镇拥有中国开渔节、象山开洋节、三月三·踏沙滩、石浦—富岗如意信俗等一系列民间节庆文化活动,一方面是以渔港渔船、渔民号子、船饰习俗、渔文化等为核心的传统文化活动,延伸了节庆文化旅游的内涵和文化深度;另一方面是600年历史古镇古街、船模、剪纸、石浦渔灯、渔灯舞等具有地方传统特色的文化产品,提升了县域古镇旅游形象,"文化"与"旅游"相得益彰(见图4-2)。此外,还有宁波鼓楼景区和南塘老街的宁波缸鸭狗、宁波油赞子、奉化千层饼、宁波汤圆、宁波年糕;象山渔民开洋谢洋节、奉化雪窦寺与布袋和尚传说、梁祝文化公园与梁祝婚俗文化节、慈溪达蓬山景区与徐福东渡传说、鄞州它山堰与它山庙会等,这些宁波的非物质文化,无论是有形的物质产品,还是无形的精神产品,均成为各自旅游市场文化产品和产业链的组成部分。反之,通过旅游市场,宁波的这些非物质文化及其创意产品又得到更好的社会传播。

图4-2　象山石浦古镇一条街

　　非物质文化遗产的各种表现形式,是与民族、地域结合在一起的,共同构成文化综合体,形成传统文化的整体价值。宁波有着丰富的自然与历史的非物质文化遗产资源,各级政府部门建设文化大市,发展旅游产业、开发旅游市场等也为一些传统技艺的传承提供了大好的发展软环境。因此,建立非物质文化传承基地能够更加深入地挖掘出传统民间文化、传统技艺等,将这些文化的传承和保护与旅游景区、旅游商品的研制、开发、营销等有机结合起来,也大大提升了宁波地区旅游商品的文化价值、市场价值和品牌价值。

(二)"文化+金融":从"输血"到"造血"

近些年来,为鼓励金融机构建立专门服务文化产业的专营机构、特色支行和文化金融专业服务团队,提高文化金融服务专业化水平,宁波市委、市政府先后出台《关于深入推进文化金融合作的意见》,着手建立专业化的文化金融机构和中介机构,促进文化与金融合作。文化行政部门与 9 家银行签订了金融支持文化产业发展战略合作协议,使"文化+金融"模式在宁波得到长足发展;国家开发银行宁波市分行大力支持慈城古县城开发保护、南塘老街改造提升等文化创意项目;杭州银行宁波分行支持动漫、创意产业企业……据统计,2012 年以来,宁波市金融机构累计为 1127 家文化企业、22 个文化产业园区(基地)和 83 个重点文化项目提供了个性化融资、财务咨询、资产管理等综合金融服务。[①] 2014 年 6 月 6 日,中国农业银行宁波文化创意支行正式开业,成为宁波市内首家服务文化创意产业的专营金融机构。该行根据文化企业的特点,量身定制与之相对应的金融产品,如通过传统信贷产品升级、知识产权质押贷款、股东信用贷款、引进第三方担保和融资等方式,为处于初创期的文化企业提供金融支持[②],成功地将创新文化金融服务组织形式变为现实。

2014 年 3 月 17 日,中华人民共和国文化部、中国人民银行、财政部联合印发了《关于深入推进文化金融合作的意见》(文产发〔2014〕14 号)。其中,值得关注的一是创新文化金融体制机制;二是创新符合文化产业发展需求特点的金融产品与服务。与成立文化产业发展基金的做法不同,"文化+金融"是文化与金融的深度融合,依靠金融服务为文化企业提供服务,实现双赢。我们认为,文化发展基金和"文化+金融"最终目的都是解决文化企业产业化发展的融资问题,但文化创意产业是一个高投入、高风险、高回报的产业,文化企业要加快发展、加速转型,最终还是要靠壮大自己实现上市,通过资本市场的融资变"输血"为"造血",才能解决制约自身发展的瓶颈——资金问题。将产业发展和融资做得成功的案例,如 1993 年福建漳州市制药厂为核心企业成立的

---

① 杨静雅.去年宁波文化产业实现增加值 339.39 亿元,同比增长 10.1%[N].宁波日报,2015-05-26(A1).

② 毛俊玉.文化与金融对接出现新气象[N].中国文化报,2014-06-28(A3).

漳州片仔癀集团公司,以生产名贵中成药——片仔癀而享誉海内外。该集团公司是中国首批"中华老字号",其"片仔癀制作技艺"2011年被评为国家级非物质文化遗产(见图4-3),每年出口创汇达千万美元,位居中国中成药单项出口创汇首位。2003年6月16日,漳州片仔癀药业股份有限公司在上海证券交易所成功上市,2008年实现营业总收入6.5亿元,同比增长9.56%;实现净利润1.4亿元,同比增长47.99%;实现每股收益为1.01元,同比增长48.53%。在这些方面,他们的产业发展之路和经验还是值得学习和借鉴的。

图 4-3　片仔癀产品专卖店(厦门店)

(三)"文化＋科技":非遗文化产品的创新

科技对文化本身有一种驱动发展的作用,"文化＋科技"则是以数字化技术为主的文化产业领域的文化和科技融合。这种融合体现了网络技术、数字技术的创新与文化创意内容相互依存,其带来的影响非常深远,不仅仅局限在传统演艺产业的生态变革,而对民众的生活方式和娱乐消费也带来非常深刻的影响。党的十八大报告提出,建设社会主义文化强国,关键是增强全民族文化创造活力。其中特别指出,要促进文化和科技融合,发展新型文化业态。

"文化＋科技"这一融合模式在宁波市文化企业中得到广泛应用,为文化产业发展插上"科技的翅膀"。如宁波演艺集团的原创舞剧《十里红妆》,采用了激光、自动控制等技术,以现代声、光、电技术对舞剧内容进行综合演绎,给人以超乎寻常的震撼。2015年2月,该剧在新西兰和澳大利亚进行了6场商演,上座率在90％以上。① 创意产业化就是需要文化生产单位以科技创新推动产业改造升级,提升文化产品的核心竞争力。十里红妆是宁海及浙东地区特有的传统嫁妆系列及相关民俗,宁波演艺集团将传统的民俗文化内容变为创意文化产品搬上演艺舞台,使创意文化产品走向世界,不仅很好地保护和传承了这一非物质文化遗产,而且也使演艺文化产业有了新的传统文化内涵,这是"文化＋科技"带来的创新驱动效应。

(四)"文化＋博物馆":从展示到文化产品输出

博物馆是征集、典藏、陈列、研究代表自然和人类文化遗产实物的场所,对人类文化遗存、自然遗存等管理起着非常大的作用。2010年,宁波市非物质文化遗产展示中心、朱金漆木雕艺术馆、紫林坊艺术馆、宁波服装博物馆、十里红妆博物馆、东方艺术造像博物馆、德和根艺美术馆、才华剪纸艺术馆等8家首批非物质文化遗产博物馆正式成立,它们不局限于保护有形的文化遗产,而是扩大到自然遗产和非物质文化遗产,使博物馆从单纯展览、展示"瓶瓶罐罐"发展为延续"活的文化"。② 博物馆是公益性的,虽然不可以进行产业性、市场性的经营与发展,但是在发挥其诸多社会功能的同时,它也可以成为文化产业发展的有力支撑。如紫林坊艺术馆内展示了150余件老红木高仿明清家具和骨木镶嵌家具、100件紫檀木雕刻精品,其中14件沉香木瘤雕刻作品总价值上亿元。2008年开工建设的它山艺术博物馆,藏品包括南北朝、唐代佛教石刻造像,宋、明、清佛教石刻造像、道教石刻造像,宋板以及建筑构件等800余件,总投资达1.8亿元。③ 近些年来,浙东海事民俗博物馆、宁波锡镴器博物馆(见图4-4)、鄞州雪菜博物馆、宁波金银彩绣艺术馆、鱼文化博物馆、鄞州耕泽石刻博物馆、王升大博物馆等纷纷依托非物质文化内容,进行非物质文化遗

---

① 杨静雅.去年宁波文化产业实现增加值339.39亿元,同比增长10.1%[N].宁波日报,2015-05-26(A8).

② 王路:宁波市首批非物质文化遗产博物馆"新鲜出炉"[EB/OL].(2010-06-10)[2016-06-06].http://www.cnnb.com.cn.

③ 朱军备:非物质文化遗产离我们有多远?[N].宁波日报,2010-01-29(A11).

产创意产业的开发和建设,这些博物馆运用互联网、科技以及数字化信息对民俗文化、手工技艺等非物质文化进行声、光、电、影像的展示,一方面教育公众与普及传统文化,传承和保护了非物质文化遗产;另一方面,非遗类博物馆的建设、维护和管理,为地方城市形象注入更多的文化内涵,涵养了文化旅游市场,甚至开发出具有传统文化特色的创意文化产品,其建设活动本身就是文化产业化发展及产业链的组成内容。

图 4-4 宁波锡镴器博物馆(蔡氏宗祠)

(五)"文化+教育":非遗走进课堂

教育的最深远功能是影响文化的发展,它能够传承文化、改造文化,也能够创造和更新文化。教育总是在一定的社会文化背景下进行的,社会文化的发展,必然提高人们对教育的需求。中国传统文化是在中华民族 5000 多年悠久文明的传承中产生的,具有深厚的历史渊源和广泛的现实基础。优秀的文化传统需要通过教育来进行传递,这样就必然影响到社会对教育内容的选择。2008 年年初,教育部宣布在北京、湖北等 10 省市中小学开展京剧进课堂试点。此举标志着非物质文化遗产传统教育开始被纳入正规教育。[①] 2014 年 3

---

① 黄光胜.浅议中职艺校在"非遗"进课堂中的推进作用[J].戏剧之家,2009(4):52.

月 26 日,教育部又印发了《完善中华优秀传统文化教育指导纲要》,其中指出"加强对青少年学生的中华优秀传统文化教育,培养中华优秀传统文化的继承者和弘扬者,推动文化传承创新"。这些举措使越来越多的非物质文化遗产项目开始走向大中专、高职院校,甚至是中小学的课堂,很好地推动了传统文化教育的发展,也使非物质文化遗产创意产业的继承与发展有了更好的教学基地和储备人才。例如宁波惠贞书院、宁波市实验幼儿园青林园区邀请非物质文化遗产传承人——民间风筝大师邵国强给老师和孩子们做风筝;奉化技工学校、尚田中学、尚田镇中心小学、奉化高级中学等学校均成立了布龙传承基地;鄞州区塘溪镇上城小学出资 5 万多元建立了工艺竹编的陈列室和制作室,请工艺竹编代表性项目非物质文化遗产传承人叶良康开设了一门特殊的兴趣课——竹编。从 2007 年起,宁波东方艺术品有限公司与宁海第一职业中学合作,在工艺美术专业中开设"泥金彩漆技艺培训班""清刀木雕培训班",国家级非遗项目泥金彩漆传承人黄才良、陈龙大师亲自编写教学大纲、传授技艺,学生则到公司参加实物制作实训,优秀学员可到公司就业,打造出校企合作的非遗传承模式;余姚市小曹娥镇曹娥小学自 2008 年以来,聘请余姚民间剪纸传承人胡国君、许爱妹等系统地开展剪纸艺术教育,营造校园剪纸文化;2009 年以来,省级非物质文化遗产四明内家拳项目传承人夏宝峰,将这一非遗项目引入五乡镇中心小学、北仑泰河中学、神舟中学、宁波大学等校园,甚至吸引了美、德、韩等国的武术爱好者前来学习,该项目还被列入全国性武术比赛项目。截至 2013 年年底,宁波市 171 个非遗项目中已有 36 个传承基地建在幼儿园、中小学、职业学校及大学,其中有 12 个被列入省级非遗传承教学基地名单,涉及的非遗项目包括传统美术、传统舞蹈、民间文学、传统体育游艺与杂技、民间音乐、传统戏剧、传统手工技艺等 7 个大类。[①]

宁波的"非遗进校园"活动就是把学生作为非遗传承的主体,不仅是临时、短期地让非遗走进校园展览、展示、展演、做讲座等,更在学校建立非遗传承基地,由专职教师在学校进行持续性、常态化教学活动,把非遗项目植入校园生活,编写适合不同年级段学生的教材,并将非遗项目与美术、音乐、体育、德育等课程以及乡土文化有机融合,形成各具特色的校园文化教育活动。非遗进课堂可使青少年近距离感受和了解我国优秀传统文化,有利于增强他们对传统文化的感情,更有利于传承、弘扬优秀的民族文化。非遗进课堂打破了中国传统的教育模式,也使我国传统文化的传承出现了"文化+教育"的创新模式。

---

① 陈朝霞."非遗进校园":活体传承的创举[N].宁波日报,2013-03-28(A8).

在课上,老师不仅要传授传统文化理论知识,而且更重要的是要台上台下亲自演绎和示范,在师生互动的交流中促进新的创意出现;不仅培养了新的非遗文化创意和新一代的非遗传承人,也为非遗的创意产业化发展提供了物质和人力的基础。

(六)"文化＋出版":用非遗丰富出版产业发展

文化历来是出版事业的主要组成部分,近些年来风起云涌的非遗传承和保护工作实施以来,无论是纸质的图书、期刊和报纸,还是广播、电视、网络等电子出版,非遗已经成为出版行业重要的选题内容,也使文化出版事业和出版产业有了更丰富的表现内涵。非遗创意产业是文化产业发展的一个重要组成部分,同时也推动了宁波出版产业的迅速增长和发展。《宁波日报》《宁波晚报》《东南商报》《现代金报》等纸媒每年都有大量的宁波非物质文化建设工作的专题报道,《宁波大学学报》《宁波广播电视大学学报》《浙江万里学院学报》《宁波教育学院学报》《宁波通讯》《宁波经济·三江论坛》等一批期刊每年都会刊载关于宁波非遗传承和保护的论文、调查报告等;陈佳强主编的《宁波市非物质文化遗产论丛2011》一书汇集了52篇专家学者关于奉化布龙传承、象山唱新闻、象山渔民号子、四明南词等相关研究论文、报告;汪广松老师撰写的著作《非物质文化遗产的创意价值》从宁波等地非遗典型案例实际出发,分别探讨了民间文学、民间美术、传统表演艺术、传统手工业等非遗的创意价值及产业价值;2011年宁波市文化广电新闻出版局组织和主持的、历经3年多的《甬上风物——宁波市非物质文化遗产田野调查》全书出版,这套丛书共12函147卷,共计版权字数3000余万字,并且还附有6000余幅照片和插图。[1] 其不仅记录了宁波非遗概貌,勾勒出一幅宁波的城市风情画卷,而且编著了一部关于宁波的非物质文化完整的历史概貌,成为宁波的非遗传承和创意文化产业市场开发的信息资源宝库。此外,除了上述传统文化出版、纸媒出版业以外,诸如宁波非物质文化遗产网、象山渔文化网等成为非遗的数据库和资料库等网络出版物、电子出版物,使得宁波非遗的出版工作更加全面、系统和完善。

文化产业具有天然的跨界融合特点和能力,其对传统产业文化内涵和品质的提升发挥积极作用,促进新兴产业门类和文化业态不断涌现。用"文化＋"带动文化产业链上众多行业发展,新闻出版发行服务、广播电视电影服务、文化艺术服务、文化创意和设计服务、文化休闲娱乐服务、工艺美术品的生产、

---

① 吴波.非物质文化遗产类图书出版的地方模式[J].出版广角,2012(4):41.

文化用品的生产等都将获益。事实上,文化产业爆发式增长的重要特征之一,就是在"文化内容"为王的基础上,与科技、金融、商业、旅游等融合发展,这既是文化产业外延扩展的重要体现,也是经济社会发展对文化提出的迫切要求。非物质文化是文化产业的一个重要表现内容,通过创意产业化的形式进行保护和传承,它必将对宁波文化产业及地方经济文化建设事业等发挥越来越大的作用和影响。宁波非物质文化遗产历史资源丰富、内涵深厚,在宁波市政府及相关部门的文化产业政策及战略决策的激励和保障下,在"互联网+"理念的带动下,宁波非物质文化遗产创意产业要通过"文化+"的形式,充分地与科技、金融、旅游、博物馆等多种业态进行互补,共同驱动宁波非物质文化遗产的创意产业化进程。在推动地方文化产业和社会经济发展的同时,也使宁波非物质文化遗产保护和传承的手段更加多样、多元、多彩。

第二节 宁波非遗创意产业化园区与传承基地建设

当前,我国文化产业发展面临的问题已不是理念的构建与探讨,而是如何进行实际运作,推动文化产业市场主体的快速生长,并发挥集聚效应,培育文化市场,打造并完善文化产业链,形成一批新的文化产业发展集群。因此,大力建设文化产业基地,创建文化产业孵化器——文化产业园是十分重要的基础建设工作,也是我国各个地方城市文化产业发展的重要特征和趋势,更是宁波非遗创意产业化发展的必要选择和出路。

一、非遗创意产业园区的建设与发展

(一)文化产业园的概念

文化产业园是指在政府整体规划和引导下,按照兴办经济开发区的成功模式,以区域文化资源为载体,以优惠的产业政策吸引多种文化生产要素集聚的园区。[①] 不同的文化产业园可以通过在全国范围内的招商引资、招才引智,吸引省市内外的艺术家、手工艺人、文化产品经营者和文化中介组织向园区集聚,逐步营造文化氛围,形成文化特色,打造创意文化产品以及创意文化产品品牌,使之成为文化产业的集聚地、文化产业的孵化器和推进器。

---

① 韩骏伟,姜东旭.区域文化产业[M].广州:中山大学出版社,2011:102.

当前,国内外各个地区和城市纷纷将文化创意产业作为发展文化产业的突破口,组织行业专家等进行论证,投入产业资金,推动各种文化创意园、创意软件产业园的发展。宁波市要在文化创意产业园区、文化创意产业基地等基础上,通过政府引导、市场运作,建立整个社会资源的文化创意产业公共服务平台,推动宁波市非遗创意产业以特色化、个性化、艺术化、智能化等为主要特征的文化创意产业的形成和发展,建成国内外有较大影响力的创意产业园区与基地,成为沿海城市文化产业与现代服务业新增点,以及文化创意产业人才的集聚地。

创意产业园区是产业集聚的载体,以先进的科技水平、多样的艺术形式、健康的文化内容、现代的产业功能为特点,实现文化、科技与创意的结合。其主要构成有文化创意设计企业、高科技技术支持(如数字网络技术)企业、策划推广和信息咨询机构、文化创意产品生产企业和文化经纪公司等。① 非遗创意产业园能够提供传承非物质文化遗产所需的创意、设计、产品、营销、技术等各种优势,因此,结合宁波地方文化的自身特色,利用文化创意产业园的平台与载体,将非遗的创意产品传载到群众日常生活,非物质文化就不再是"曲高和寡",就能真正地融入现代社会生活,这是弘扬传统文化最有效的手段。

(二)文化创意产业园的功能

非物质文化遗产创意产业园的建立不仅有利于保护与传承宁波乃至全国的非遗项目,还能通过产业化的运作,提升当地的经济文化,促进文化产业转型升级;同时,能够增加就业、完善相关配套设施建设,增加地区的人流、物流、信息流,推动城市建设。

1. 探索非物质文化遗产保护的新模式

非遗创意产业园可以通过产业化发展的方式,突破传统文化保护模式,通过开发利用来促进保护与传承,探索非遗保护的新模式。文化创意产业园区可以整合分散在各地的相关非遗资源,合理利用各地区非遗及工艺美术行业协会的资源,促进相互间的交流与合作,形成保护与传承的合力,共同保护与传承非遗资源。创意文化产业园区能使一个个孤立的企业从较大规模的经济活动中受益,同时刺激相关产业和后续产业的发展,为文化产业集群的发展创造有利的社会环境。

---

① 王亚娟.非物质文化遗产与创意产业的典型对接[J].理论与改革,2013(5):144.

文化产业园区以及创意文化产业园区有时更是一种文化创意地产,即"产业运营＋地产开发"的模式,其核心是一种新型的商业地产运作。依托引入文化产业活动(如文化艺术、传媒产业、旅游休闲等)或消费型创意活动(如前沿体验娱乐消费、时尚潮流消费等)开发地产载体,如工业楼宇、高新技术写字楼、文化旅游教育等复合型物业等。[①]当前,北京、上海、深圳、青岛、厦门等地纷纷开始建立具有经济、文化、社会、生态等多重效益的文化产业园区,这种模式也为非物质文化遗产的保护带来新的思路和启迪。同时,非物质文化遗产创意产业园的建立有利于整合宁波乃至全国的非物质文化遗产资源,促进非物质文化遗产的保护与传承。

2. 促进和推动地方经济文化转型升级

文化创意产业园区汇聚地区众多非物质文化遗产项目,通过非物质文化遗产展示平台的搭建,弘扬地方传统文化。其本身产业定位比较高端,特色发展不仅能够促进自身发展,还能够通过产业化运作,带动教育产业、旅游产业、休闲产业等相关产业的发展,推动文化服务业、加工制造业等产业转型升级,并能够激活餐饮市场、高档装饰市场、工艺品市场等相关市场行业,推动地方经济发展。非物质文化遗产创意产业园的建立,能带动产业园区周围相关市政生活设施的完善,有利于促进市政建设。文化产业是依附性很强的产业,创意文化产业园区的建设可以拉动餐饮住宿、医疗卫生、交通信息等市政基础设施建设,还具有增加税收,促进社会和谐等诸多综合经济效益。[②]

"传统产业和文化创意产业的结合,提升了企业的品牌影响力和实力,壮大了主导产业,最终实现了企业产业链的扩张。"[③]国家动漫游戏原创产业基地、宁波广告产业园、228 创意园、新芝 8 号、鄞州麦中林创意园、鄞州软件动漫创意园、鄞州动漫创意馆、杭州湾新区 e 设计街区等一批文创产业抱团集聚,文化创意产业成了宁波由传统工业化向新型工业化、工业型经济向服务型经济转变的新蓝海。其中宁波市最大的文化创意产业园区——2011 年开园的和丰创意广场已签约入驻专业工业设计类企业 120 余家,2013 年和丰设计创意总产值突破 4 亿元,带动产业化规模超过 400 亿元,并成功入选首批"中

---

① 韩骏伟,姜东旭. 区域文化产业[M]. 广州:中山大学出版社,2011:109-110.

② 李晨曦. 锦绣之都——中国(宁波)非物质文化遗产创意产业园策划方案[D]. 杭州:浙江大学,2013:76-77.

③ 费琛琛. 产业创新在鄞州:"无烟工业"东风浩荡征帆满[EB/OL]. (2016-04-22)[2016-06-06]. http://yz.cnnb.com.cn/system/2016/04/22/011386695.shtml.

国工业设计示范基地"。宁波和丰创意广场中,文化创意和设计类企业超过60%;创意和设计产值占全市产值的比重达到35%,显示出文化创意产业的巨大经济活力(见图4-5)。

图4-5　宁波市和丰创意广场

3. 提升文化品位和城市文化生活内涵

　　非遗创意产业园区的建立,可以使具有宁波特色的各种非物质文化遗产的保护与开发先行先试。创意产业园区通过全产业链的运作方式,从产业链的各个环节对非遗文化进行有效的开发与利用。通过利用促保护,使原先静态的文化遗产活态化,让文化走进生活、融入生活。同时,非物质文化遗产创意产业园的建立有利于促进地方文化旅游业发展,完善旅游产业结构。宁波象山影视城自2005年建成开放以来,相继拍摄《神雕侠侣》《碧血剑》《水浒》《西游记》《赵氏孤儿》等100余部影视作品,先后获得国家3A级旅游景区、中国魅力景区、中国最具发展潜力影视拍摄基地、中国十大影视基地、全国指定影视拍摄基地等诸多的荣誉,重要的是它也带动了宁波影视文化产业与创意文化产业的规模化发展。不仅如此,象山影视城还充分挖掘象山传统的海防海港文化和渔文化,船模、晒盐技艺、提线木偶、根雕等象山非遗在影视城内一一得到展示。^① 通过挖掘非物质文化的资源和内容,象山影视城一方面增添了影视旅游文化产业的内容和内涵;另一方面也完善了象山的旅游产业结构,推动了象山县文化旅游经济的发展。

文化创意产业园区通过合理利用非物质文化遗产的文化资源开展相应的文化旅游项目,开发出不同的文化产品,增加游客对传统非物质文化的体验与感受,让文化艺术真正走进生活。例如宁波的天宫庄园非遗产业基地附近区域环境优美,西江古村、天宫庄园(桑果基地)与非遗产业基地构成旅游景点;南塘老街更是把文化产业园区建设融入景观设计,丰富视觉欣赏性,而且引入一大批宁波非物质文化遗产项目入驻,大大完善了旅游产业结构。2014 年 4 月,宁波杭州湾新区文化产业"航母编队"主力之一的宁波华强·中华复兴文化园在宁波慈溪杭州湾跨海大桥南岸东西两侧正式开工。宁波华强·中华复兴文化园项目总投资 128 亿元,项目选址包括中国非物质文化博览园、复兴之路主题公园和明日世界主题公园三座主题公园,以及文化创意基地、文化产品产权交流中心、非物质文化遗产传承基地三个专业产业基地,配套商业休闲小镇和主题酒店等。据当时预测,此后每年将有 300 万人次的游客在这里体验到科技与文化结合的非物质文化遗产的无穷魅力。无疑,该创意文化产业园区借助非物质文化所形成的文化旅游产业经济效应是明显的,同时也有力地提升了宁波城市文化品质和城市文化形象。

4. 文化产业园区的孵化功能

孵化器主要是通过科技园甚至科技楼宇的形式,为初创期的企业提供创业空间、辅导和服务,并以优惠的条件促进在孵企业的创新成果实现成功转化。实际上,孵化器已经发展成为一种把新技术、新发展和创造性思维结合在一起的生产力转化机制和实现过程。^② 文化产业园区在推动文化产业发展、催生文化企业、打造产业集群甚至在推动就业等方面具有重要的作用和功能。如作为世界上第一个以国家政策推动创意产业发展的国家,英国在 1997 年就成立了"创意产业特别工作小组",大力推进英国创意产业的发展。英国建立的许多创意园区,以"集群效应"为主,通过组合各种文化创意建筑,形成相互聚合、渗透激活以及"引爆效果",使文化产业得到很大发展。到 2012 年,英国从事创意产业的企业超过 10 万家,从业人员 200 多万人,占英国就业总数的8%以上,居各产业之首。创意产业已经成为英国产值居第二位的行业,占

① 陈朝霞.文化创意产业发展的宁波亮点[N].宁波日报,2011-04-29(A16).
② 韩骏伟,姜东旭.区域文化产业[M].广州:中山大学出版社,2011:106.

GDP 的 9.4%,仅次于金融服务业。据英国文化、媒体和体育部 2014 年 1 月发布的数据显示,创意产业每年为英国经济带来 714 亿英镑的收益,相当于平均每小时就有 800 万英镑入账。

近年来,宁波市主导建设了和丰创意广场、宁波市国家大学科技园、宁波市软件与服务外包产业园、创新 128、228 创意园、新芝 8 号、创 E 慧谷、天工之城、鄞州麦中林创意园、国家动漫游戏原创产业基地等孵化园,现阶段又打造了许多众创空间,给创业者减少了租金方面的负担,增加了初创型企业的成本优势。但有些园区特别是针对宁波市大学生创业的孵化园,功能和作用还有待于进一步提高,例如镇海区大学生创业园、科技园区大学生创业园等许多优惠力度很大的园区相关配套设施不完善,个别园区位置偏僻,交通、餐饮与住宿等环境方面存在严重制约,不利于文化产业企业或项目的培育和发展,需要加强建设和布局调整,以便更好地推动文化创意产业企业和个人的发展。

二、宁波非遗传承基地与教学基地的建设

在非物质文化遗产创意产业化发展过程中,非遗传承基地建设是一个不可或缺的渠道和手段;同时,它也是非遗创意产业化发展的一个重要依托平台。建设非遗传承基地,进行产业化的运作与发展,其目的就是保护非物质文化遗产,就是让百姓分享经济、社会、文化发展的成果,同时参与到文化产业的发展中。

(一)宁波非遗传承基地与教学基地概况

为了加强对非物质文化遗产的保护,继承和弘扬优秀传统文化,2007 年 5 月 25 日,浙江省第十届人民代表大会常务委员会第三十二次会议通过了《浙江省非物质文化遗产保护条例》,其中第二十四条"鼓励、支持教育机构将非物质文化遗产纳入教育内容,开展普及优秀非物质文化遗产知识的活动,建立传承教学基地,培养非物质文化遗产传承人才",对非遗传承基地和教学基地建设工作做出了明确的鼓励和支持。截至 2015 年年末,宁波市各级政府部门先后建立特色传承基地 72 个,其中包括各级各类教学基地约 20 个(见表 4-2),有力地发挥了传承基地、各类学校教学基地在非物质文化遗产教育和传承中的积极作用。

表 4-2　宁波市非遗传承基地和教学基地概况

地区	项目	传承基地	传承人	备注
海曙区	宋氏妇科	宁波海曙新城中医会馆	第九代传人宋泽军	建筑面积100平方米,学员10人
	董氏儿科	宁波市中医院	第六代传人董幼祺	建筑面积350平方米,学员10人,年投入经费20万元
	宋氏妇科	宁波市妇儿医院	宋逸民医师	学员1人
	寿全斋中医药文化	宁波药材股份有限公司		建筑面积300平方米,学员10人,年投入经费20万元
	状元楼宁波菜制作技艺	宁波石浦酒店管理发展有限公司		建筑面积8万平方米,学员300人,年投入经费50万元
	甬剧	宁波市艺术剧院	宁波市甬剧团	传承场所4780多平方米,学员27人,年投入经费130万元
	四明南词	宁波市海曙区文化馆	陈祥源	总建筑面积5609平方米
	脸谱制作	宁波市聋哑学校		建筑面积100平方米,学生将近50人
江东区	剪纸	江东区老庙小学	魏晓红	面积6272平方米,学员516人,年投入经费4.5万元
鄞州区	水火流星	鄞州区横溪镇横溪村	第三代传人章华通	建筑面积30平方米,学员10人,年投入经费10万元
	八盏马灯	鄞州横街镇中心小学	传授老师汪旭波	建筑面积160平方米,学员25人,年投入经费5000元
	内家拳	鄞州区铁佛禅寺	夏宝峰	建筑面积3000平方米,学员1800人,年投入经费50万元
	宁波走书	鄞州区石矸街道横涨村、鄞州区文化馆	沈健丽、演员闻海平	宁波走书学员6人,年投入经费3万元
	龙舟竞渡	鄞州区云龙镇前后陈村		建筑面积约350平方米,学员150人,年投入经费约3万元
	宁波谜语	鄞州区高桥镇中心初级中学	退休教师傅瑞庭	建筑面积12300平方米,学员385人,年投入经费1万元左右
	《三字经》	鄞州区德培小学	郑定利	建筑面积约250平方米,学员1250人,年投入经费2万元

地区	项目	传承基地	传承人	备注
鄞州区	宁波农谚	鄞州区高桥中学	退休老师庄兆明	建筑面积 480 平方米,学员 320 人,年投入经费 1 万元
	小儿针灸	鄞州区首南医院	第三代传人余杏月	建筑面积 8000 平方米,学员 1 人,年投入经费 5 万元
	陆氏伤科	鄞州区骨伤科医院		建筑面积 10170 平方米,学员 6 人,年投入经费 6 万元
	痔科中医	鄞州区石碶街道社区卫生服务中心	第三代传人盛臣毅	建筑面积 200 平方米,学员 5 人,年投入经费 5 万元
	骨木镶嵌	宁波紫林文房作坊	陈明伟	鄞州投资创业中心工场 6500 平方米,专业技艺员工 20 余人,年投入 30 万~50 万元
	朱金漆木雕	宁波市鄞州中艺雕塑厂	陈盖洪	建筑面积 2000 平方米,培训学员(兼工人) 30 人,年投入约 60 万元
	金银彩绣	宁波金银彩绣有限公司(鄞州区东钱湖)	许谨伦	建筑面积 500 平方米,学员 10 人,年投入经费 100 万元
	黄古林手工织席	鄞州区古林仲一村		建筑面积 100 平方米,手工编织学员 50 余人,年投入经费 5000 元
镇海区	蛟川走书	镇海区职业教育中心学校	张亚琴	建筑面积 300 平方米,学员 44 人,年投入经费 8 万元
	澥浦船鼓	镇海区澥浦中心小学	韩亚斌、陈镇	建筑面积 7736.53 平方米,学员 100 人,年投入经费 15 万元
北仑区	水浒名拳	北仑区梅山乡中心小学	第六代传人傅信阳	面积 2800 平方米,学员 100 余人,年投入经费 20 万元
	乐涵传说	北仑区小港街道文化站	退休教师陈性立	建筑面积达 6000 平方米
	剪纸	北仑高塘小学	邬维波、夏静霞	面积 4445 平方米,学员 920 人,年经费投入 2 万元
	造趺	北仑柴桥实验小学	传授教师周兴德、周翠珠	造趺培训基地 378 平方米,现有学员 40 人,年投入经费 4 万元

续表

地区	项目	传承基地	传承人	备注
余姚市	姚剧	余姚市艺术剧院	沈守良、寿建立、杨渭勋	场所 8500 平方米,传授教师 11 人,学员 40 人,年传承投入经费 100 万元
	姚剧	余姚市肖东第一小学	传授教师沈守良、寿建立	建筑面积 7000 平方米,现有学生 800 人,年投入经费 3 万元
	精武拳械	余姚市职成教中心学校	符永江、符飞云	建筑面积约 300 平方米,学员每年 100 余人,年投入经费 2.5 万—3 万元
	木偶摔跤、余姚犴舞	泗门镇中心小学、泗门镇铜钱桥张家犴舞队	传授教师刘永章、张森裕	面积为 100 平方米,学员约 100 名,年投入经费 1 万元
	谢阁老传说	余姚市泗门镇文化站	黄长根	建筑面积 400 平方米,学员 3000 人,年投入经费 10 万元
	胡氏中医外科	余姚市中医医院	胡祥庆	建筑面积 500 平方米,学员 9 人,年投入经费 100 万元
		余姚市第三人民医院		建筑面积 200 平方米,学员 10 人,年投入经费 50 万元
慈溪市	水火流星	慈溪市龙山镇实验小学	王耀国	建筑面积 200 平方米,学员 15 人,年投入经费 3 万元
	上林湖传说	慈溪市新浦镇中心小学	杜松根	建筑面积 120 平方米,学员 50 人,年投入经费 1 万元
	越窑青瓷烧制技艺	慈溪市越窑青瓷有限公司	孙迈华	传承基地 1200 平方米,年投入研制经费 12 万元,年产值 120 万元
	剪纸	慈溪市横河镇中心小学		建筑面积 1.47 万平方米,学员 1528 人,年投入经费 2 万元
奉化市	布袋和尚传说	奉化市长汀村	张嘉国	建筑面积 400 平方米,学员约 2000 人,年投入经费 3 万元
	萧王庙庙会	奉化市萧王庙街道		建筑面积达 1000 平方米,学员 10 人,年投入经费 10 万元
	奉化吹打	宁波市奉化圣缘堂礼仪服务有限公司	汪裕章、王建华	场所 150 平方米,学员 22 人,年投入经费 6.5 万元
		萧王庙街道中心小学	传承教师汪裕章	建筑面积 75 平方米,学员 30 人,年投入经费 2 万元
		萧王庙街道云溪村		建筑面积 26 平方米,学员 100 余人

地区	项目	传承基地	传承人	备注
奉化市	奉化布龙	奉化市奉化中学	传授人王基明	学员 30 人,年投入资金 10 万元
		奉化尚田镇中心小学	传授人陈行国	建筑面积 100 平方米,年投入经费 5 万元
		奉化市岳林街道周家村、尚田镇条宅村	传授人周永根、陈行国	建筑面积 1000 平方米
象山县	晒盐技艺	象山新桥盐场	史奇刚	生产田 2076 亩,建筑面积 3329 平方米。学员 200 人,年投入经费 200 万元
	海洋捕捞习俗	象山县石浦镇东门渔村		建筑面积 60 平方米,学员 15 人,年投入经费 1200 元
	石浦一富岗如意信俗	象山县石浦镇东门渔村		建筑面积 120 平方米,学员 35 人,年投入经费 12000 元
	象山渔民开洋谢洋节	象山县石浦镇东门渔村	韩素莲	建筑面积 120 平方米,学员 74 人,年投入经费 2500 元
	象山七月半会	象山爵溪城隍庙		建筑面积 3000 平方米,学员 30 人,年投入经费 30 万元
	船饰习俗	象山县鹤浦镇鹤进村	郑昌飞、梁桂水、叶国耀	建筑面积 10000 平方米,学员约 25 人,年投入经费 1 万元
	象山船模制作	象山杨氏古船坊	杨雪峰	制作培训场地 600 平方米,学员 17 人,年投入经费 5000 元
	大塘红庙庙会	象山镇定塘镇镇潮庙庙管会		建筑面积 1.5 亩,学员 38 人,年投入经费 6 万元
	徐福东渡传说	象山县丹西街道方井头村	盛鑫夫	建筑面积 1200 平方米,学员 600 人,年投入经费 10 万元
	象山竹根雕	象山县德和根艺美术馆	张德和	建筑面积约 4000 平方米,学员 27 人,年投入经费 50 万元
	剪纸	象山才华剪纸艺术馆	农民画家高妙兰、谢才华等	建筑面积 1100 多平方米。学员 300 多人,年投入经费 3 万元
	象山农民画	象山县茅洋乡茅洋学校	画家高妙兰,传授教师 3 名	建筑面积 8850 平方米,学员 30 人,年投入经费 2 万元

续表

地区	项目	传承基地	传承人	备注
宁海县	宁海平调	宁海平调(越)剧团		场地 2000 平方米,学员 6 人,年投入经费 10 万元
	舞龙舞狮	宁海县第一职业中学	负责人陈昌福、任秀利	建筑面积达 13000 平方米的形体室和足球场,学员 58 人,投入 3 万元
	泥金彩漆	宁波东方艺术品有限公司(宁海跃龙街道)	黄才良、陈龙	厂房 200 平方米,学员 6 人,投入 50 万元

资料来源:宁波市非物质文化遗产网:http://www. ihningbo. cn/list. jsp? cid=008001&page=4.

注:表格中信息根据网站文字资料整理,截止时间为 2015 年 12 月 30 日。

宁波市通过非遗传承基地的创立,推进非遗基础设施的建设工作,尤其是以传统美术、传统技艺类项目为依托的传承基地,建设了一批集收藏、研究、生产、传习、展示、销售等功能于一体的非遗基础设施,为非遗的保护、传承和弘扬发挥了重要作用。非遗传承基地和教学基地若有能力使传承项目市场化和产业化,有关部门要大力扶持,因为非物质文化遗产项目的市场化不仅能提供物质支持并培养大批的传承人,而且能带来显著的经济效益。如朱金漆木雕、骨木镶嵌,可以通过批量生产和精品制作相结合的道路走向市场,通过产业化的运作走出一片创新与保护的新天地。

(二)非遗传承基地与教学基地的作用

1. 营建良好的文化传承氛围

非遗传承基地和教学基地在非遗文化研究、宁波地方传统文化研究整理方面,既能取得相当高水准的非遗文化理论水平,又能提升非遗文化产品的品质内涵。建立非物质文化传承基地或教学基地,就是有意识地创造优良的传承环境和真实而非虚构的文化空间,为非物质文化的传承营建良好的文化氛围。同时,在传承人对传统技艺学员的传、帮、带过程中,传统得以沿袭,工艺得以在一代又一代的"传习人"中持续久远地保存下来。[①]

传承基地和教学基地构建的立体生产、教育和培训体系,促使宁波非遗产业发展和教育教学跃上新台阶,也培养出一支从事各类非遗保护、传

---

① 刘馨.非物质文化遗产传承基地建设的探索[J].安顺学院学报,2011(6):8.

承、发展的专业人才,对于宁波非遗的保护、传承和开发,是非常必要的。一些有条件的学校,如宁波大学、宁波城市职业技术学院、宁波职业技术学院等,可以设立文化产业专业,开设相关课程,成立传统文化研究中心,培养专业的文化产业从业人员。宁波市文化部门经过多年的探索和实践,不仅成功地发展了"三位一体"①的非遗保护模式,而且还与高校合作将非物质文化遗产的传承引入大学、职高课堂,营造了良好的非遗传承社会氛围。在实现非物质文化遗产传承的同时,推进非物质文化遗产项目的产业化运作,发展文化创意产业。

2007年,宁波泥金彩漆传承人黄才良与宁海县第一职业中学开创了"校企合作"的非遗传承模式——第一届"泥金彩漆技艺培训班"在宁海第一职业中学工艺美术专业开班,由黄才良、陈龙担任老师以传授技艺。黄才良通过课堂,从制作材料、流程,到传统文化图案的意义和风俗民情等方面,为学生讲解、传授非遗知识。这一创新模式很快走红全国,2009年,教育部时任副部长鲁昕在国家级开发区职业教育年会上对这一做法予以推广:"将民族的艺术、民间的文化、民间的工艺,作为职业教育来传承,变成职业教育的专业,并赋予时代特色,使之不断传承下去。"2011年11月全国非遗保护、传承宁波会议上,这一做法被称为"宁海现象",得到文化部的表扬。② 而在2010年,宁波职业技术学院探索引入民间艺术、绝技绝活,先后建起了书法工作室、茶艺工作室、剪纸艺术工作室、根雕艺术工作室、风筝艺术工作室以及漆画艺术工作室等6个非遗工作室,对传承非物质文化遗产,发挥非物质文化遗产的产业化经济效益与社会效益,起到了重大的推动作用。③

2. 发挥产业经济效益,提供新的经济增长点

非遗传承基地与教学基地的生产、培训、会展教育等组合功能在非遗传承与保护中发挥着越来越重要的作用,展示交流平台完善,并在传承与保护中产生了一定的产业经济效益,取得了保护、传承、开发同步进行的良好效果。一部分传承基地非遗特色明显,传统艺术教学人员产学研经

---

① 宁波市非遗保护模式的典型经验:即强调各级名录项目、传承人、传承基地相互联动,非遗展示馆建设国家、集体、个人相互联动,非遗生产性保护政府、企业、社会相互联动,非遗生态区保护整体性、传承性、持续性相互联动,形成"三位一体"的非遗保护体系。

② 林海,陈云松.非遗的生产性保护——路在脚下[N].宁波日报,2015-10-29(A16).

③ 韩成艳,张青仁.非物质文化遗产整体保护的宁波实践[N].中国文化报,2016-04-15(5).

验丰富,在全国范围内也产生了较大的影响力。如由陶艺工艺美术师孙迈华于2001年创立的慈溪市越窑青瓷有限公司,面积达1200平方米,拥有中国工艺美术大师和省工艺美术大师各1名、工艺美术师2名、学员(含陶工、技工)12名,年投入研制经费12万元。经过多年研制,他们成功烧制出了花瓶、挂盘、茶具、酒具、文具系列等上百个新越窑青瓷品种(见图4-6),年产值300余万元。该公司还经常受邀为职高、初中、小学的学生上课,传授有关知识,被慈溪市政府确定为社会主义教育基地,浙江电视台、国家旅游局和宁波市的各种媒体以《越窑的千年回响》或《越窑青瓷篇》等名称做过许多报道,已具有一定的国际影响力。

图4-6　慈溪市越窑青瓷有限公司的青瓷产品(半成品)

因此,建立非物质文化传承基地或教学基地,有利于充分发挥传承人、手工艺人和群众文化工作者的积极作用,对于活跃城市文化生活、发展旅游文化等都具有重要意义。通过非物质文化传承基地的建设,对具有历史、文化意义的传统技艺进行真实、动态、整体和可持续的保护,充分展示了民族文化、民间文化的丰富性和独特魅力。在保持原有文化特色的基础上,既积极开发具有传统文化和极具地方特色的文化产品,也能将传承基地开发建设为新的旅游资源,使地方文化资源优势转化为经济优势,成为新的经济增长点。

（三）非遗传承基地与教学基地的产业化发展

1. 用创意推动非遗产业发展

传承基地和教学基地可以依托传承人和传统手工艺人,与动漫、科技、工艺美术等产业相结合,进行创意设计、加工和制作,推出市民百姓喜爱和乐于接受的文化产品,宣传和普及非遗文化知识,提高非遗创意文化产品的产业经济效益。[①] 长期以来,宁波象山当地竹工匠在制作实用器具的同时,也将竹根雕刻成杯子、笔筒等兼具实用与艺术价值的工艺品。1983 年,宁波非遗传承人、工艺美术大师张德和率先将象山竹根雕打进国际市场,成立全县第一家竹根雕厂,带动了整个象山竹根雕艺术和产业的崛起。2006 年 9 月建成开放的象山竹根雕专题展示馆——德和根艺美术馆,汇集了 40 位象山根雕艺人创作的 200 多件竹根雕精品。另外,象山县委、县政府十分重视竹根雕艺术和产业发展,设立了专项资金奖励精品创作和企业发展,在象山县职业高级中学还办了个竹根雕班,培育后备人才。

在竹根雕产业陷入低迷的时候,张德和潜心研究,突破传统的通体施雕模式,研发出局部巧雕法、乱刀法、组合雕法、大写意雕法、薄翼圆雕法等,推动象山竹根雕事业的发展。首先通过竹根雕的题材、表现手法、表现样式等方面的创意与拓展,把传统题材原生态的竹根转移到当代再造材料、复合材料;其次是培养专业技术人员的设计与创意能力,使他们能够设计一些中低档的大众竹艺产品;最后是通过传统"雕刻"技艺的创新,把零散的各种各样的元素组合成有序的写实与写意兼容的整体,重在手工技巧,把写实的手法和写意的手法共融入竹雕里,体现出竹根雕材质美、形态美、技艺美这三个工艺美术要素(见图 4-7)。过去,竹根雕在工艺美术范畴内基本上属于藏品、艺术品;现在,竹根雕的创意产业已经扩展到日常用品、产品这个范围,这也使竹根雕产业具备了产业性质和产业规模。

2. 文化创意产品生命力更持久

创意产业更强调创造性和创新性,更重视文化创意对其他产业的融合渗透,它比文化产业有更广泛的内容:不仅包括消费性文化创意产品,也包括文化产品在内的各种产业提供的中间产品。互联网时代,确实有人一味追求标新立异,在嘴上下功夫;而真想做成事情,还是要把更多的时间、精力和资源,

---

① 郑丽敏. 中国·象山竹根雕艺术创作和产业发展论坛摘要[N]. 今日象山,2016-01-13(5).

图 4-7　德和根雕艺术品《少女的沉思》

投入产品中,好产品自己会说话,从而留住用户。好的文化产品或商品能生动地和消费者的眼睛与心灵交流,打动消费者的心。在物质充裕的时代,各种创新产品层出不穷,消费者的注意力转换很快。创意文化产品的立意、材料以及制作工艺等是产品质量的最直接体现,工艺的精细和完美程度一般都会体现出产品真正的内涵和价值,产品的生命力也会持久延续,这才是非物质文化创意产品实现持久产业化发展的核心所在。

　　宁波市创建于 2000 年的唯一的骨木镶嵌传统工艺作坊——紫林文房作坊(即紫林坊艺术馆,见图 4-8),拥有 1000 平方米制作骨木镶嵌的专用工场,有员工 60 余名,专业从事骨木镶嵌技艺的员工 20 余名。该作坊骨木镶嵌采用螺钿、象牙、中骨、黄杨木和彩石等多种材料,精心制作的花鸟、风景、仕女等装饰图样,嵌于红木、花梨木等硬木坯上,经过精打细磨,用中国大漆髹漆漆就,制作成高档传统家具、建筑装饰品、屏风和笔筒、笔架、镇纸、茶叶罐、首饰盒等精致的工艺品,不仅具有观赏和收藏的艺术价值,而且还具有较强的日常生活实用性,深受市场的欢迎和消费者的喜爱。紫林文房作坊结合现代审美观念,努力开发诸如新办公用品、旅游纪念品工艺礼品、台屏、插牌等现代骨木镶嵌产品,走创新和高端市场之路,还通过上海世博会这一契机,使非遗文化产品走向国际市场。

图 4-8　宁波鄞州紫林坊艺术馆

3. 会展和旅游市场的积极营销

曾经有一个著名的辩论赛话题:酒香是否怕巷子深?在辩论赛场没有定论的话题,在商场上似乎已有结论:再好的产品,必须依靠好的营销才可能成功。营销首先是指根据市场需要组织生产产品,然后才是通过销售手段把产品提供给需要的客户,强调的是整个过程。在市场竞争白热化的现代社会,越来越多的企业或厂家也意识到:要想持续赢得消费者的信任和口碑,设计生产出体验好、价格低的产品是前提,也是关键。与其他的商业产品不同,非遗传承基地也好,非遗文化创意产业公司或企业也好,都能通过创意设计制作出具有非遗性质和特色的文化产品。这些非遗文化产品不仅具有丰富独特的文化内涵,同时也具有较高的观赏价值和收藏价值,使得其在文化消费市场中备受消费者青睐。

与其他商品一样,在大众文化盛行的时代,内涵丰富的文化产品也需要借助积极的市场宣传和营销,才能获得广阔的市场空间。祖居象山县石浦镇东门岛的杨雪峰,初中毕业进东门船厂当学徒,向父亲和老师傅们学习象山传统的船匠手艺。2003 年起,杨雪峰先后拜访了辛元欧、席龙飞、顿贺等多位中国古船研究方面的权威专家，又向山东、江苏、浙江、福建、广东、澳门等沿海地区的老船匠们学习造船技艺，考察各地的博物馆，了解不同地区的船匠技艺特长，总结各地的船况特点，使象山传统船艺得以发扬光大（见图4-9）。

图4-9　宁波象山船模工艺品

　　杨雪峰和他的古船作坊生产的船模作品不但被国内各大博物馆收藏，而且义乌文化博览会、广州交易会、深圳文博会等国内知名会展纷纷向杨雪峰发出邀请函，杨氏古船坊的年产值也从最初的几万元增加到2012年的120余万元，各类市场对其船模的需求量居国内同行之首。2012年4月29日，在浙江义乌举办的中国（浙江）非物质文化遗产博览会上，"象山船模"获得了非物质文化博览会优秀展演奖，郑和宝船、隋代战舰等一系列做工精湛的象山古船模不仅引来大量游客驻足观看，而且通过售卖和积极的市场营销，获得了更多的赞誉和订单。

第三节　宁波非遗类博物馆的产业发展

　　博物馆保护是指采用博物馆的形式，以文化展览的方式，通过图像、视频以及实物等材料，对非物质文化遗产进行收藏、保护、研究与展示的过程。以博物馆的形式对非物质文化遗产进行保护是建立在对遗产本身存在形态考量的基础上,其意在展览的方式上重建一种嵌入性的公共文化,实现非物质文化遗产在当代社会的传承。[①] 非遗类博物馆是传承基地的最高形式,它有别于传统意义上以器物陈列为主的博物馆,它是活态的博物馆。在这些非遗类博物馆里,除了有非遗传承人的代表作陈列,更有非遗技艺的现场展示,而且其负责人都是非遗传承人。宁波市博物馆近年来建设、发展势头迅猛,尤其是随着遗产概念的不断扩大,各个非遗文化博物馆保护的遗产内容日益增加。宁波市在 2010 年先后命名两批非物质文化遗产博物馆,共 13 家(见表 4-3)。它们的存在,显示了作为历史记忆的非遗以及非遗文化产业在当下社会文化和生活语境中的活力。

表 4-3　宁波非物质文化遗产博物馆概况

名称	地址	非遗文化展览内容	备注
宁波市非物质文化遗产展示中心	鄞州区下应街道湾底村西江古村内	陈列了朱金漆木雕、骨木镶嵌、剪纸、根雕等 30 个项目	
宁波朱金漆木雕艺术馆	鄞州区横溪镇	收藏朱金漆木雕收藏品及各类木雕艺术精品 1500 余件	总投资 1000 余万元
紫林坊艺术馆	鄞州新城区日丽中路	展示老红木仿明清家具和骨木镶嵌家具、紫檀木雕刻精品等	投资 2200 万元
宁波服装博物馆	鄞州区下应街道湾底村	藏品 3500 多件,其中包括 300 多件珍贵文物	投资 1500 万元
十里红妆博物馆	宁海县跃龙街道徐霞客大道 1 号	珍藏有 1000 多件"十里红妆"器具	投资近 1000 万元
东方艺术造像博物馆	宁海县城隍庙内	陈列有数百尊造像	投资 4000 余万元
德和根艺美术馆	象山县丹东街道东谷湖旁	展出 40 位象山根雕艺人创作的 200 多件竹根雕精品	竹根雕大师张德和本人投资 1000 万元
象山才华剪纸艺术馆	象山县东陈乡樟岙村	陈列着农民画家高妙兰和谢才华的 13000 余幅剪纸作品	总投资 650 余万元,年接待游客约 5 万人次

---

① 韩成艳,张青仁.非物质文化遗产整体保护的宁波实践[N].中国文化报,2016-04-15(5).

续表

名称	地址	非遗文化展览内容	备注
宁波金银彩绣艺术馆	鄞州区下应街道创新128园区	收藏了明清以来的金银彩绣藏品200多幅,作品200多种	
慈溪上林瓷苑	慈溪市匡堰镇	展示越窑青瓷的发展历史、手工技艺	年产值约400余万元
前童民俗博物馆	宁海县前童古镇内	共有藏品1100件,展现前童人家独有的生儿育女、婚礼习俗和生活劳作习俗等	古镇重要景点之一,2007～2015年接待游客数约410万人次
慈溪市草编工艺品博物馆	慈溪市长河镇草帽业小学旧址内	展示慈溪长河草编业生产、制作技艺等丰富的文化内涵为主	投资800万元。生产加工企业11家,经营户百余家,年销售达5亿元
象山船文化展览馆	象山县石浦镇建业路45号	展示老木船、木制帆船、手工木船模型、仿真古船、帆船、航海模型以及传统木制手工艺礼品等	截至2014年已生产制作出1万余只各种类型古船模

资料来源:1. 宁波非物质文化遗产网:http://www.ihningbo.cn/ccr_gg.jsp?cid=007001.

2. 宁波文化网:http://zw.nbwh.gov.cn/col/col85/index.html.

一、非遗历史博物馆的产业化效应

当前,宁波的民营非遗类博物馆多与其从事的产业、行业或地方经济文化特色内容相关,如鄞州陈盖洪的朱金漆木雕艺术馆、宁海何晓道的十里红妆博物馆、象山德和根艺美术馆、象山才华剪纸艺术馆、象山杨雪峰的杨氏古船坊等。这类非遗类博物馆均是通过特色的非遗项目进行创意性质的产业发展,发挥非遗类博物馆推动市场化、产业化的经济效应作用,不仅提升企事业、公司的人文品质,而且开发出适合市场的创意文化产品,大大激发了文化创意产品的市场产业增加值。

宁波国家级非遗传承人陈盖洪,1976年开始学习木雕设计制作,系统地学习了设计佛像、雕塑、彩绘、贴金等传统工艺,并在实践中先后参与天童寺、阿育王寺及江、浙、闽、皖等地大型佛寺、佛像、佛桌的设计制作。他从事朱金漆木雕工艺制作 30 余年,积累了丰富的经验,拥有一手精湛技艺,熟练掌握每一道操作工序。1988 年陈盖洪创立了宁波市鄞州中艺雕塑厂。2009 年,他创办的宁波市鄞州中艺雕塑厂被命名为"宁波朱金漆木雕"技艺的传承基地。该基地建筑面积 2000 平方米,有一套完整的车间生产工艺流程,学员们在此以边学边做的方式学习传统技艺。同时,他积极促成该传承基地与鄞州技校的合作,在学校招收了一个班的学生,开设宁波朱金漆木雕课程,使"师傅带徒弟"的传统模式向系统、理论的学校培训模式转化。在成为朱金漆木雕传承人后,陈盖洪又探索出一条以厂带馆,用盈利的产业带动朱金漆木雕的保护和发展的模式,他和徒弟们历时 3 年,用精湛的技艺将"万工轿"重新复制,并以此斩获了第九届中国民间文艺山花奖。2010 年 5 月,朱金漆木雕艺术馆(见图 4-10)正式开馆,其中展出了陈盖洪历年搜集和近年复制的宁波朱金漆木雕精品 1000 余件。至此,宁波朱金漆木雕重回众人视野。2010 年,该厂年产值达 350 万元,实现利润 152 万元,形成了社会效益与经济效益的双赢局面。此外,如宁波国家级传统手工技艺传承人黄才良先生作为泥金彩漆和清刀木雕这两项非遗项目唯一的传人,通过 40 余年的刻苦学习和研究,其与港资合作成立的东方艺术品有限公司生产的泥金彩漆、朱金木雕产品已远销国内外,并在不断拓展新的市场。在他的苦心经营下,东方艺术品有限公司声誉日隆,市场产业经济效益不断扩大。2014 年,该公司年产值 250 万元,3 年内预计年产值将突破 1000 万元大关。广阔的市场前景让泥金彩漆、朱金木雕这些传统的非物质文化遗产不仅得到了巨大的产业化效益,而且也使其得到了更好的保护和传承。

二、非遗类博物馆与其他产业的互动

发展文化旅游业、文化节庆业、文化休闲业以及文化产品加工制造业,非遗类博物馆均可发挥一定的作用和影响。非遗类博物馆是非物质文化和文物的知识宝库,在提高整个国家和民族的文化素质方面起着不可代替的作用。宁波非物质文化历史悠久、资源丰富,非遗类博物馆可以将"研、产、学、游"融于一体,即通过非物质文化历史知识的学习与对非遗文化产业的研究以及与文化旅游结合为一体,使游客在参观、游览过程中不但领略了非物质文化的历史底蕴和深邃奥秘,而且也受到了历史文化、考古知识的熏陶,增强了文化保护意识。

非遗类博物馆不单纯是一个市民补习文化的地方,更重要的,它可以成为市民文化休闲的主要场所之一。获得多少知识是次要的,享受一下难得的静谧、幽雅气氛,并在这种文化的氛围中放松在工作、学习中绷紧的心弦成为市民来博物馆的重要目的。因此,非遗博物馆可以成为旅游业一个固有的、最能

图 4-10 宁波朱金漆木雕艺术馆

吸引人旅游的吸引物与旅游资源。非遗类博物馆虽不是以营利为目的,但其可以成为重要的旅游景点和参观场所,吸引和促进景区游客量增加,带动旅游场所的产品购买、文化消费等,提高景区的文化品质内涵和旅游产业整体收入。早在 2009 年 5 月 18 日,国际博物馆协会就将世界博物馆日的主题确定为"博物馆与旅游",意在将博物馆与旅游结合起来,号召博物馆专业人员开发博物馆的文化遗产,携手游客,共同推动可持续的文化旅游。① 因此,非遗类博物馆可以和文化旅游业更好地融合,较好地提升旅游业的文化内涵和品质,同时也能使非遗类博物馆更加大众化和走向市场。而非遗类博物馆在非营利性和公益性的基础之上,也只有和旅游、休闲进行深度的结合,通过前来参观与游览的游客的宣传和推动,才能够使非物质文化传播出去,教化与教育公众。通过更多的旅游、教育、出版与宣传等产业链条打造市场化的行为,使非遗类博物馆的社会公益作用以市场化的方式得到发扬。

三、大力推动民营非遗类博物馆建设

宁波市在加强非物质文化遗产传承工作的同时,以建设非遗展示馆为载体,积极开展传播工作,形成了规模效应。在建设非遗展示馆的过程中,宁波

---

① 陈万怀.浙江海洋文化产业发展概论[M].杭州:浙江大学出版社,2012:183-187.

充分利用民营经济发达的优势,坚持做到政府、企业、个人多方联动,初步形成了多元化的发展模式。截至 2013 年,宁波全市已建成 48 座民营博物馆,用于建造、布展的投资达到 11.2 亿元,藏品数量 5 万件以上,其中不乏珍品异宝,宁波的博物馆建设形成国助民办、合作联办、民企民办等多样化的运作模式。2008 年 12 月 20 日开馆的宁波鄞州明贝堂中医药博物馆,一年中就吸引了参观者 1.5 万多人次(见图 4-11)。同时,该中医馆还通过社会化、市场化的医疗诊治为公众提供医药服务,不少人参观博物馆后与企业达成了合作意向。目前,宁波市民办民营模式的基础是企业家、收藏家或传承人拥有雄厚的经济实力和丰富的藏品,展示馆或博物馆的日常运行经费主要依托企业和个人支撑,企业和个人投资的主要目的是借助展示馆来扩大自身的影响力,拓展企业多元发展。如宁波鄞州陈盖洪的朱金漆木雕艺术馆、鄞州裘群珠的金银彩绣艺术馆、鄞州戴文土的耕泽石刻博物馆、象山张德和的根艺美术馆、宁海黄才良的东方艺术造像博物馆、余姚陈国桢的越窑青瓷博物馆、鄞州乐海康的雪菜博物馆、鄞州陈明伟的紫林坊艺术馆、鄞州的王升大博物馆等诸多非遗类博物馆的创办者均身兼企业家和传承人两种身份。

图 4-11　宁波鄞州明贝堂中医馆

　　宁波市相关部门历来注重加强非遗的生产性保护,通过多年的市场化运作已初步形成政府主导、社会参与、市场运作的良好格局,先后出台了《宁波市文化产业发展专项资金使用管理办法(试行)》等文件,市财政每年从市产业发展基金中安排 1000 万元,用于设立文化产业发展专项基金。2009 年至 2011 年,累计对符合政府重点支持方向的非遗产品、服务和项目发放补贴 800 多万元,三年中共策划包装运作非遗产业项目近 40 项,并且通过国家文化产业网、义乌文化产业交易博览会和深圳文博会等多种途径将其进行推荐。此外,宁波市还充分发挥民营经济发达、民间资本丰厚的优势,支持宁海东方艺术品有限公司、鄞州中艺雕塑厂、江北慈城冯恒大食品有限公司等知名非遗企业,大力发展非遗生产性保护。① 2012 年年底,宁波市已经建成开放各类非遗博物馆(展示馆)50 余家,形成了政府扶持、民间办馆的国助民办模式,国建民营、共建共营的合作联办模式和企业或个人自主创办、自行运营的民办民营模式等多元化的产业化发展模式。

---

① 费伊.“三位一体”:非遗保护的宁波模式[N].中国文化报,2011-12-21(A4).

第五章　宁波非遗创意产品的开发

　　文化产品为我们认识和了解世界而生产出各种强有力的形象、描述、定义和参照背景,而服务于不同的意识形态,使文化产品成为一个在对这些服务实践进行阐明、剥离和重新阐明的斗争中而得以界定的领域。其基本要义在于意义的寻求与赋予,文化产品从一开始也就成了意识形态生产的主要场地。[①]非遗文化创意产品由于原材料本身的特色和价值,经过工艺师的创意和艺术加工,又融入非遗传统文化元素,形成了独特的产品创意文化,造就了非遗文化产品和工艺美术品无与伦比的价值。

　　随着生活水平的提高,人们对文化艺术追求的品位也越来越高,但工艺美术精品的价值也在连年上涨。一方面,老艺人越来越少,青年人不愿意学;另一方面,工艺品是天然材料制成的,原材料越来越少,加工、制作的成本和技术含量也越来越高。因此,好的材料、好的工艺、好的艺术精品,无论是作为纪念、收藏,还是用于生活装饰、礼品等,均具有一定的市场价值空间。

第一节　非遗创意产品发展概述

　　非遗创意产品是最具文化特色、观赏价值和收藏价值的高档工艺品。随着中国经济的迅速崛起以及对外交流的进一步深入,随着"收藏是继金融证券、房地产之后的又一大投资领域"的观念逐渐被接受,我国的文化创意产品行业迎来了更大的机遇。与文化、旅游、家居装饰产业紧密相连的工艺美术产业,迎来了难得的发展机遇。宁波市有着丰富的非物质文化资源和成熟的市

---

　　① 陈庆德.文化产品的分类分析[J].江海学刊,2007(3):99-105.

场经济体系,以此为依托,可以大力发展各类戏剧戏曲、"老字号"、朱金漆木雕、金银彩绣、青瓷、草编、根雕、民俗装饰画、船模、剪纸、渔灯以及具有非遗特色的文化产品、礼品和饰品等,进行产业化制作、生产和销售。

一、工艺美术品

工艺美术品,也称工艺品,是以美术技巧制成的各种与实用相结合并有欣赏价值的物品。工艺品来源于现实社会生活,却又创造了高于社会生活的价值。它是人民智慧的结晶,充分体现了人类的创造性和艺术性,是人类的艺术之宝。中国工艺美术品种类繁多,分十几大类、数百小类,品种数以万计,花色不胜枚举。工艺美术品大类包括陶瓷工艺品、雕塑工艺品、玉器、织锦、刺绣、印染手工艺品、花边、编织工艺品、地毯和壁毯、漆器、金属工艺品、工艺画、首饰、皮雕画等。中国工艺美术生产队伍较大、产值较高、品种较多、声誉较盛的集中产区,主要分布在北京、天津、上海三大城市和山东、江苏、浙江、福建、广东、四川、湖南7个省。

民间工艺品和玩具,在人们的生活习俗中,几乎成为必不可少的内容之一。它的制作,古往今来,多为一些民间艺人,或男女老幼中的多面手(如面花、扎花、糖画等,见图5-1)制作,或集体、个体经营制作,大凡城乡(镇)各种市场、商场(店)、摊贩、杂设,都有出售各种机制或手工制作的工艺品和玩具。无论平时和年节、纪念日,无论家宴和育婴、启蒙、学前教育、学龄儿童增强智力等需要,人们购买欣赏精美、新颖的工艺品和玩具,是一种自由选择、不受限制的行为。这也是社会民众日常生活中一种爱好,一种欣赏、享受的习惯和习俗,成为当前公众的一种文化追求。

工艺品历来是我国的传统出口产品,工艺品不仅内容丰富多彩、生动有趣、价格低廉,而且制作精美、成本低,能迎合潮流,所以在消费者群体特别是旅游业中一直有着广阔的市场。我国还有着传统的工艺品收藏历史传统,随着旅游市场的繁荣,在一批工艺品艺人的精心创作下,工艺品不断地走向世界,深受外国旅游者和收藏者的喜爱,发展前景非常可观。

但我国国内的一些比较大型的工艺品制造商,他们主要的运作模式是自己设计、制作和销售,推广业务的方式也主要是经旅游市场、商品交易会、展览会以及一些电子商务进行。大部分工艺品行业主要还是以出口为主,比重超过国内市场,近些年来,尤其是长三角、珠三角一带的工艺品生产加工企业发展势头良好。从对中国工艺美术品现状调研的分析中可以看出,目前我国工艺美术品行业在快速发展的同时也面临一系列问题,如企业多为私营企业,生

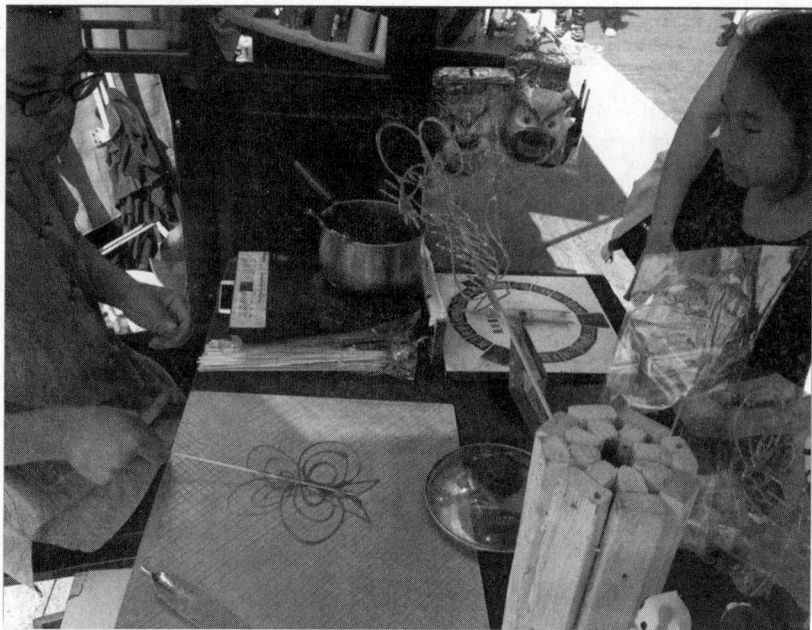

图 5-1　宁波鼓楼步行街糖画手工技艺

产规模小,小型企业占整个行业的 70% 以上;专业人才缺乏,生产技术落后;专业市场管理混乱,缺乏法律法规的保护和约束等许多问题亟待解决。要推动中国工艺品产业发展,中国工艺品应有独立的行业协会;还要培养一大批与企业紧密合作的工艺师,要培养能拓展市场、具备创新思维的工艺美术专业人才;同时,国家及地方要颁布相应的政策法规,保护工艺美术品行业的健康发展。[①]

二、非遗创意产品产业

非遗创意产品产业的绩效在于改善大众的生活品质,提高大众的生活审美情趣,因而,非遗创意产品产业的发展应与消费者的日常生活紧密结合,发展非遗创意产品产业应回归日常生活和提升文化创意内涵和价值。随着非遗创意产业经济的兴起,不同领域纷纷在非物质文化上做文章,不仅提高了文化产品的附加值,也在某种程度上推动了非遗创意产品的产业化发展。

首先,非遗创意产品产业化的发展对传承我国传统民间文化、手工技艺与

---

① 中国工艺美术品市场现状调研与发展前景分析报告[EB/OL]. (2016-01-14)[2016-12-23]. http://www.cir.cn/R_JiaDianJiaJu/92/GongYiMeiShuPinShiChangQianJingFenXiYuCe.html.

非物质文化遗产具有重要作用。其次,非遗创意产品的产业发展,可以带动生产、加工、流通、销售等不同环节的产业链,提高古镇古村居民采集和生产加工户的收入,促进文化产品市场流通业的发展,实现古镇古村经济转型与吸收闲置劳动力就业。据国家统计局发布的统计数据显示,截至 2012 年年底,中国工艺美术品制造行业规模以上企业达 3441 家,工艺美术品制造行业总资产达 2745.75 亿元,较 2011 年增长 14.55%,行业实现销售收入 6289.62 亿元,同比增长 19.60%;实现行业利润总额 324.49 亿元,同比增长 18.46%,行业企业平均利润 943 万元。① 因此,从某种程度上说,非遗创意文化产品的产业化发展在区域经济的发展中有着广阔的发展空间,也必将为文化产业和文化产品消费市场创造更高的经济效益。

　　非物质文化遗产创意产品产业也存在着一些问题:一是非遗创意产品产业抗风险能力不强,自发式发展影响产业发展。宁波地区非遗产品加工、制作企业多为小规模企业,都是自发自由式发展,缺乏政府组织及支持,缺乏相关政策、资金的扶持,产业发展面临多种制约,难以做大做强。部分家庭作坊式的加工单位,受收购资金的困扰,基本上不进行木块、竹根、蔺草等原料收购。二是文化产品加工企业多是家庭式作坊,虽然灵动性加强了,但市场的抗压能力不强,无法承受市场带来的波动性变化,生产和经营的市场化程度不高。三是非遗创意产品行业协会组织不够发达,行业缺乏骨干企业带动,部分企业品牌意识淡薄,以产品销售获利为主,各自经营和销售,市场信息相对闭塞。

　　文化产业可以实现既有非物质文化资源的增值,将非物质文化的人文与历史资源转变为现实优势。宁波民间文化、民间艺术品种类繁多,主要有彩灯、渔民画、船模、渔灯、贝雕、木雕、根雕、石雕(见图 5-2)、竹雕、剪纸、刺绣、草编等。非遗创意产品包括木雕、根雕、石雕、雪里蕻菜、蔺草、金丝草、纸、布等具体的实物加工、雕刻和制作成的非遗文化工艺品;以及附属在工艺品之上的生产加工传统艺术品的技艺,如传统木船制作、工艺品雕刻、布龙、渔灯、渔服饰、渔民画等制作技艺等。

　　但由于市场、资金、人员等方面的限制,这些非遗创意产品的制作都尚未形成大的产业规模。在市场经济时代,旅游市场的繁荣发展给文化产业带来广阔的市场,非遗创意产业要抓住这一机遇,积极招商引资,挖掘宁波非物质文化的经济价值,才能形成可观的非遗创意产品的产业规模和品牌效应。做

---

　　① 2012 年中国工艺品行业发展影响因素分析[EB/OL].(2013-02-20)[2016-12-23].http://www.askci.comnews201302/20/92740_83.shtml.

图 5-2　鄞州耕泽石刻博物馆的石雕

好民间工艺品的保护与开发,经营非遗创意产业,使其实现规模化、产业化、规范化发展,这对于弘扬民族传统文化,获得经济和社会效益具有较大的促进作用。随着文化产品消费市场的兴起,宁波也涌现出了一批民间工艺品开发、生产制作与销售的企业,这对宁波非遗创意工艺品产业的发展也起着重要的推动作用。在此背景下,宁波地区需要结合本地区的特色非遗文化,大力发展主导非遗创意工艺品,壮大非遗创意产品的设计、加工和制作规模,从而形成较大的文化产业体系。

第二节　宁波非遗创意主导产品的开发

文化产品分类的逻辑范畴来自社会范畴,就文化产品来说,可以形成物理分类、社会分类和经济分类等不同的范式。从产权关系的层面上看,不同的文化产品可以归属为个体(私人)产品、共有产品与公共产品等三种主要类型。这一区分,是为了明晰不同文化产品的供给源流,确认不同文化产品供给者的身份。[①] 受市场经济大潮的冲击,当前很多文化产品的生产已融入普遍性的

---

① 　陈庆德. 文化产品的分类分析[J]. 江海学刊,2007(3):99-105.

商品生产之中。文化产品的生产既是一种意识形态的活动,也是一种经济活动,或许还是一种最重要的市场经济或者产业经济活动。因此,云南大学文化产业研究院陈庆德老师从产品供给层面上,把文化产品区分为生产性产品和服务性产品两大类。借鉴这种分类和认识,我们认为非遗文化创意产品基本属于这两种范畴,这一分类可以帮助我们更好地做好非遗文化创意产业主导产品的开发。

一、服务性非遗文化产品的开发

服务性非遗文化产品的典型代表,是文艺演出、文博展览以及旅游休闲等。在这类文化产品的消费中,人们无法对任何一种产品对象实行占有,哪怕是临时的或有限的占有。① 因此,可以看出,服务性文化产品具有公共产品属性,为大众提供了一些无形的、精神层面上的享受、娱乐和消费。例如,在宁波非物质文化遗产中,宁波甬剧、宁波走书、宁波开渔节、梁祝传说、布袋和尚传说、徐福东渡传说、宁海十里红妆、奉化吹打、四明南词、唱新闻等,通过文化创意性的传承和保护,在现代社会又迸发出新的艺术形式和新的生命力。

(一)宁波象山中国开渔节

宁波象山县是全国渔业大县,捕捞业在当地海洋渔业经济中占据重要地位。浙东渔民自古以来就有开捕祭海的民俗,为唤起渔民对海洋资源日趋衰减的忧患意识,教育渔民自觉保护海洋资源,自 1998 年始,象山县委、县政府首创中国开渔节,决定在东海休渔结束的那一天举行盛大的开渔仪式,欢送渔民开船出海,以此体现当代渔民精神风貌和社会文化特色。利用开渔节这一文化载体,进行海洋开发与保护、群众文化演艺活动、经贸洽谈、滨海旅游、学术交流等,推动了象山社会经济、文化等各项产业的发展。

在改革传统习俗的基础上,象山当地政府和有识之士将渔民的自发仪式创意性地上升为一个海洋文化的盛大典礼,引导广大渔民热爱海洋,保护和合理开发海洋资源。开渔节集文化、旅游、经贸活动于一体,具有丰富的文化内涵和鲜明的渔乡特色:以祭海、放海(放鱼苗和海)、开船等仪式表达政府和社会各界欢送渔民出海,祝愿他们出海平安,满载而归;开渔节以"开渔"为号召,吸引四方游客,举行带有"海"字文化特色的、具有各项非物质文化内容的文艺活动,锣鼓齐鸣、千帆竞发的开渔盛况吸引了来自全国的数十万游客。截至

---

① 陈庆德. 文化产品的分类分析[J]. 江海学刊,2007(3):99-105.

2015年,象山已经连续举办了18届的中国开渔节。中国开渔节规模由小而大,文化内涵越做越丰厚,开渔节的主体活动项目就是非遗性质的祭海典礼、开船仪式、妈祖巡安等,着力展现了象山丰富的渔文化内涵。近些年来,象山中国开渔节还举办全国渔歌号子大赛、渔家服饰比赛、渔文化摄影大赛等一系列非遗群众活动,象山本地的许多渔区非遗文化节目走上了表演舞台,甚至走向了全国。象山中国开渔节以打造非遗渔文化特色为目标,促进渔文化旅游、餐饮、文化产品等产业化发展,真正做到让创意性的非遗文化活动在经济社会中赚到钱,让更多的非遗文化产品在节庆活动中得到发展。

(二)宁波梁祝爱情文化节

鄞州是"梁祝"爱情故事的发源地,位于鄞州区高桥镇金星村的梁祝公园是国家AAAA级旅游风景区,它以东晋梁山伯墓、梁山伯庙古遗址为基础,以"梁祝故里·爱情圣地"为主题,以经典的梁祝故事为情景线索,是国内目前唯一颇具规模的大型爱情主题文化园。2009年12月,由宁波联合集团股份有限公司和上海浙东投资有限公司共同出资设立宁波梁祝文化产业园开发有限公司,公司注册资本为2亿元人民币,主要负责开发经营宁波梁祝文化产业园旅游景区、文艺活动的组织策划服务、工艺品的零售等项目。宁波梁祝文化产业园开发有限公司投资2.3亿元对原梁祝公园景观、建筑进行提升,同时引进婚恋网站作为战略合作伙伴(见图5-3),重点将梁祝文化产业园发展成文化旅游基地、婚纱摄影与微电影基地、婚庆婚宴基地和休闲体验基地。婚纱摄影基地以5000平方米基地内景为核心,以梁祝景区、花海景区、模拟沙滩、滨江爱情文化长廊、梁祝天地街景为外景,可同时提供5场共3000人参加的不同风格和特色的婚礼场所,每年吸引约4万对新人前来拍摄。

"梁祝传说"被列入首批国家级非物质文化遗产保护名录,也是宁波具有非遗色彩的驰名文化商标。梁祝爱情文化节将"梁山伯与祝英台"的爱情故事演绎为亲情、友情和爱情,已经连续举办六届以"蝶舞鄞州,情满人间"为主题的梁祝爱情文化节,并围绕该主题开展了丰富多彩的观赏休闲活动,包括爱情嘉年华游园活动、民间文艺大巡游、盛世爱情百合婚典、中国爱情文化论坛、中意爱情文化节等各种娱乐休闲活动,其主要目的就是借助"梁祝传说"这个非遗文化载体,在开发过程中转化为集体验、参与于一体的现代婚庆文化主题活动,在此基础上形成了饱含传统文化元素,具有一定规模的节庆文化活动,其本身就是一种典型的服务性文化产品。从宏观的角度看,宁波梁祝爱情文化节就是一个大的非遗文化创意产品。

图 5-3 鄞州梁祝文化产业园

（三）宁波象山中国渔村

2004 年 7 月,由象山县与杭州宋城集团共同投资 5 亿元建造的我国最大的海洋文化主题公园——中国渔村正式建成开放。中国渔村位于象山县石浦镇皇城沙滩,依托象山石浦海洋旅游资源和全国渔文化资源,以"渔文化民俗游"为主线,由中国渔村主题公园、渔文化民俗街、宋皇城沙滩、旅居结合的欧美风情小镇等组成,是国内具有"渔文化民俗游"特色和"海滨海洋游"文化休闲旅游特色的海洋文化旅游精品(见图 5-4)。中国渔村根据时间展示其丰富多彩的非物质文化内容节目:有农历"三月三,踏沙滩"民间活动、四月妈祖文化艺术节、五月渔文化民俗节、六月禁渔期放生仪式、农历六月初六当地城隍庙庙会、农历七月放水灯祭祀活动、八月渔家婚俗文化节、九月中国开渔节、十月中国渔村海鲜美食节、十一月沙滩渔火活动等。在渔文化民俗街,游客将直面一座座古老的渔业作坊。在渔网作坊里,工人一边织网一边教授编织技巧;在工艺品作坊里,人们可以亲自动手制作沙雕和漂流瓶;在船作坊,人们将会学到处理海上遇险的问题和一些日常修船的方法。

中国渔村主题公园内 5000 平方米的雕塑广场上,有高 8 米的 18 尊海神雕塑,气势恢宏地排列两旁;有 81 米长、40 米宽、95 米高的棕褐色"中国渔村号"仿宋三桅式古船,有祭海台,有中国第一部有声电影《渔光曲》的外景地宋

图 5-4　象山县石浦镇中国渔村

皇城沙滩。另外,渔村风向标、渔家小船、桅灯、渔网、缆绳、铁锚、浮子、蟹笼等许多小品,精巧细致,布置到位,使渔文化得以充分体现。虽然该海洋文化主题公园有着丰富多彩的渔文化等非遗文化节目,但很多活动只有在举办的时候才能去参与和体验,平时参观和游览的娱乐、游玩项目并没有,其作为旅游、休闲、娱乐等文化产品的产业效应并没有真正发挥出来。

（四）南塘老街

宁波南塘老街由宁波城旅投资发展有限公司开发建设,2012 年 1 月 15 日开业的一期街区保留了 500 多米长的传统街巷,拥有文保单位 1 处、文保点 6 个(见图 5-5)。南宋"淳熙四先生"之一袁燮及其后代世居于此,此外还有著名电影艺术家袁牧之的故居、古明州通向浙南和浙西的咽喉要道甬水桥、建于清光绪年间的永善亭,以及关圣殿、同茂记、余氏宗祠、多处石砌的河埠头、众多的沿街店铺作坊等众多城市人文历史古迹。2015 年 9 月 26 日,占地约 5 万平方米、总长约 900 米的南塘老街二期正式开街,产业定位"集历史古迹、旅游观光、文化休闲、特色餐饮、百年老店、名优特产及民俗特色于一体,体现宁波江南水乡城市特征的历史文化特色商业街区"。南塘老街建筑主要以明清的江南民居风格为主,总建筑面积约为 3.8 万平方米。

南塘老街是由百年老店、特色餐饮、传统小吃、文化展示、特色旅游产品及

图 5-5　宁波市南门口南塘老街

宁波各县市区的名优特产品荟萃的历史文化商业街区，同时兼顾休闲娱乐、博物展示等，将传统文化特色、非遗文化特色产品与现代休闲生活需求相结合，构建出包括甬上外婆桥、三市里胡同、心灵鸡汤、城市桃花、全丰记等众多品牌在内的多业态商业文化风情街区，既可服务于旅游观光，又能吸引市民前来娱乐消费。如阿明土猪包子、草湖食品、南塘河汤团、南塘油赞子、奉化"牛肉干面"、全丰记"黄金鸡排"、三北豆酥糖、东钱湖十六格馄饨、慈城古城四季香年糕、吴记面结、五丰堂茶楼、余姚黄鱼面、赵大有"糕团店"、鄞州全丰记等一系列小吃均带有宁波地方百年老店与非物质文化的色彩，不仅吸引了上万游客参观、休闲和购物，也使宁波非遗文化产品的产业化有了市场化的规模效应。

南塘老街主题文化广场不仅是宁波传统文化精粹的风尚窗口——民俗风情展演、老宁波手工艺展示、民间文化交流……同时，它也是宁波文化旅游投资的经典之作，成功将宁波城市核心商业区域进一步向南拓展的同时，将宁波城市文化的标识与新商业模式完美结合，焕发出强大的商业气场，与具有文化吸引力的文化旅游新亮点，对宁波城市三江六岸开发进程与鄞奉片区的商业经济发展有着极其重要的影响。

（五）奉化吹打

奉化吹打是对浙江省奉化地区吹打乐的统称。作为浙江省首批非物质文化遗产，奉化吹打历史源远流长。据民间艺人口传和明代文人余怀的《板桥杂记》、张岱的《陶庵梦忆》等著作记载介绍，奉化吹打自明代中叶就已盛行。在漫长的历史衍化中，奉化吹打慢慢融入庙会活动、节日庆典、婚丧嫁娶、礼仪祭祀等民俗活动礼仪中，演出群体一度遍布奉化城乡村落，成为奉化人民社交活动的重要组成部分。职业、半职业性民间乐队（堂、班、社、会）也因此应运而生，乐队人员多是农民及从事理发等服务业的人员。其中九韶堂是奉化市最著名的民间乐队，水平最高，范围、曲目最丰富。九韶堂最有特点的乐器演奏，是由奉化民间乐师钱小毛长时间揣摩、编配而成的 10 面锣演奏和 4 鼓（类似爵士乐的架子鼓）演奏。这两种乐器的演奏极大地丰富了民族打击乐的音色和节奏，增强了乐曲的表现力，代表曲目有《万花灯》《将军得胜令》《划船锣鼓》《八仙序》等，在 20 世纪 60 年代到 90 年代逐步走向鼎盛。

随着现代社会的文化选择更加多元化，尤其影视传媒吸引了大量民众，一定程度上导致奉化吹打的欣赏群体逐渐萎缩。另外，奉化吹打口传身授的传承模式已不适应当代社会，新艺人对表演吹打乐没有兴趣，一些表演技艺随着老艺人的故去而失传。奉化吹打乐器编配独特、乐曲内容丰富、表演形式多样，对现有的音乐形式通过书面、音响的形式开发出来，避免宝贵的文化财富随艺人的逝去而出现消亡的状况是对其保护的重要手段。[①] 奉化吹打的发展、复兴是一个历时较久、投入较大的全民性的文化活动，奉化市政府和所在地的文化部门曾采取了一系列保护措施。比如，将浙江省级非物质文化遗产名录代表性传承人汪裕章"圣缘堂"和萧王庙小学作为奉化吹打乐的传承基地，为这一非物质文化遗产的传承提供了教习场所；奉化圣缘堂礼仪服务有限公司也被列为浙江省奉化吹打传承基地、宁波市非物质文化遗产传承基地。在先后被列入国家、省、市（县）级的非物质文化遗产代表性项目后，传承人汪裕章苦练基本功，熟练掌握了"十面锣""五合鼓""唢呐"等乐器演奏技巧，在奉化市云溪村创建玄真堂，传授奉化吹打技艺。2008 年 3 月，他又在萧王庙街道中心小学开辟了传承基地，将奉化吹打引向农村、渔村、工厂、部队等，至今已有"弟子"160 余人。

近年来，随着文化产业的蓬勃发展，礼仪文化产业作为文化产业的一个组

---

① 　杨和平，葛兆远.奉化吹打路在何方[N].光明日报，2014-10-18(9).

成部分,也逐渐兴盛起来。国家对第三产业的重视,促使文化产业快速发展,礼仪文化资源也逐渐被开发利用。各种礼仪文化公司、礼仪文化书籍、礼仪培训机构大量涌现,以礼仪文化搭台、经济唱戏,通过各种方式开发利用礼仪文化资源,礼仪文化产业呈现出蓬勃发展的趋势。[①] 例如,在浙江嵊州市共有农民吹打乐队 100 多支,其中常年在市内各地及周边县市演出的有近 50 支,年产业收入近 1000 万元。[②] 与其相比,奉化吹打在吹打乐队、礼仪服务公司等方面仍未形成产业规模和效应,在朝着产业化发展的道路上,奉化吹打还可以进一步与当地的民俗文化、生态游、农家乐、古镇游等相结合,根据市场需要灵活变通,使其既能在舞台上演出,又适合做婚丧嫁娶、庙会、庆典、剪彩、巡游等,提高自身经营能力,形成演艺产业,把奉化吹打的非遗文化资源转化为经济优势,使其成为奉化市文化产业发展的新亮点,实现传统艺术的创意化、服务性产品品牌。

二、生产性非遗文化产品的开发

作为生产性产品,直观地表现为以物化形式来进行文化产品的供给,它为文化产品的消费提供了一个商品形式的物质对象。[③] 日常生活中的美术、雕塑、陶器或者书籍、音像制品,凡为陶冶教化、欣赏收藏以及娱乐消费所提供的大众用品,都可以是生产性文化产品的典型代表。但生产性文化产品的范围并不仅仅限于此,它可以对更多的一般物质产品进行文化意义上的追加和渗透,进行更重要的意义扩展,如宁波的朱金漆木雕、金银彩绣、泥金彩漆、船模制作技艺、慈溪越窑青瓷、慈溪长河草编、象山海盐晒制技艺、象山竹根雕、象山渔灯与渔民画、鄞州雪菜制作技艺、鄞州彩灯扎制等诸多非遗文化创意产品,就是凭借传统文化的渗透和覆盖,从而获得了更具深刻内涵的"文化产品"意义,成为一种具有更多社会属性和社会价值的文化产品存在样式。

(一)象山竹根雕技艺

竹雕也称竹刻,是指在竹制的器物上雕刻多种装饰图案和文字,或用竹根雕刻成各种陈设摆件等。我国的竹雕艺术源远流长,学术、考古界认为远在纸墨笔砚发明之前,先民们已经学会用刀在柱子上刻字记事。这种最原始的竹

---

① 于杨.我国礼仪文化产业问题研究[D].北京:中央民族大学,2009:1.
② 汪广松.非物质文化遗产的创意价值[M].北京:中国社会科学出版社,2015:156.
③ 陈庆德.文化产品的分类分析[J].江海学刊,2007(3):99-105.

雕,应该先于甲骨文。竹雕成为一种艺术,自六朝始,直至唐代才逐渐为人们所识,并受到喜爱。竹雕发展到明清时期大盛,雕刻技艺的精湛超越了前代,在中国工艺美术史上独树一帜。竹雕早期通常是将宫室、人物、山水、花鸟等纹饰刻在器物之上,而现在的竹根雕,题材内容更加广泛,充分反映了劳动人民的社会生产、生活以及风俗习惯、信俗等社会风貌。

宁波象山的竹根雕,在继承我国明清时期竹根雕刻工艺及其风格的基础上,吸收现代艺术,充分利用竹根天然形状,雕刻成各种人物、佛像、动物等,形象生动,形态逼真。在造型艺术上,突破传统的用料规范,连根带须,一并应用,再现返璞归真妙趣,是历史上特别是晚清以来竹根雕艺术的一大进步。由于竹根雕材质不易保存,古代的竹根雕作品存世较少,目前发现的有清嘉庆年间的《秋叶贡盘》,无论立意造型还是技法,都体现出较高价值。现被宁波天一阁收藏的明清至民国的竹雕工艺品,部分就是从象山民间征集的。

新中国成立后的较长一段时间内,由于种种原因,象山竹根雕艺术趋于沉寂。在 20 世纪 70 年代前,象山的竹根雕多为散户个体行为,且未形成产业。1978 年后,在象山西周镇张苍竹带领下,何幼真、郑宝根、张德和等共同创办西周工艺美术厂,生产竹根通体圆雕的寿星、石榴小孩等工艺品。此后,何幼真创办了象山县工艺美术公司,张德和创办"德和根艺坊"(后改为德和堂),郑宝根创办"宝根阁",周秉益创办"秉益堂",陈春荣创办"荣艺堂"等。特别是张德和在实践上创造局部雕和写意法,带徒授艺,并在 2006 年成立了德和根艺美术馆(见图 5-6),使象山竹根雕创作拥有了专业的传承基地和中心,开辟了竹根雕艺术的新天地。经过几代艺人的集体努力,象山根雕艺术这项传统非遗项目不仅得以传承,而且发扬光大,成为浙江"新三雕"。

作为非物质文化遗产,象山竹根雕艺术就这样得以传承和发展,涌现出来一大批根艺大师和名家,除了张德和外,还有郑宝根、周秉益和王群等。他们的作品在全国、浙江省各项展览中获得特别奖、金奖、银奖 100 多件。张德和、郑宝根、周秉益等还被文化部派赴法国、希腊、以色列考察访问,进行文化交流。2006 年,竹根雕大师张德和投资 1000 万元,其中包括县政府帮助解决的500 万元贴息贷款,建成了建筑面积 4000 平方米,融仿古建筑、园林结构于一体的"德和根艺美术馆",使得一些竹根雕艺术珍品得以传世。目前,象山竹根雕工艺行业后起之秀不断崛起,其中陈春荣继承发扬留青刻竹传统工艺,精雕细琢,清雅至极,深受中外客商喜爱。象山广大竹根雕工作者共开发产品 500多种,创企业 30 多家,涉及 10 多个乡镇(街道),从业人员 300 多人,年销售额1000 多万元,实现了根雕工艺品的产业化发展态势。因此,1996 年象山被评为"中国民间艺术(竹根雕)之乡"。[①] 截至 2015 年,象山县拥有竹根雕企业 30 余家,其中被列为浙江旅游商品定点企业 2 家,销售网点遍及全国,产品出口到欧美、东南亚,年产值达到了 3000 万元。

图 5-6　德和根艺美术馆

竹雕艺术品具有较高的观赏价值、收藏价值。近年来,竹雕艺术品市场活跃,收藏和投资趋热,价格也呈上升之势。尤其是名家刻制的作品,更加受到追捧。浙江省义乌市小商品批发市场上有着各式各样的竹雕产品,如竹雕人物肖像、竹雕装饰品、竹雕笔筒、竹雕挂件等,去那里购买竹雕工艺品的外国客商络绎不绝。

(二)慈溪越窑青瓷烧制工艺

慈溪上林湖越窑遗址位于宁波慈溪市鸣鹤镇西栲栳山麓上林湖一带(原属余姚县),为越窑青瓷主要产区之一,因古代地属越州,故名越窑。越窑在东汉到南宋的 1000 多年烧造历史里,经历了创烧、发展、鼎盛和衰落的发展过程。由于各种原因,越窑青瓷渐渐消逝,瓷工们也迁居各地,也有部分制瓷工匠迁徙至浙南的龙泉,并且保留继承了这项珍贵的传统制瓷工艺。1957 年以来,经文物部门多次调查,发现慈溪上林湖、古上岙湖、白羊湖、杜湖(里杜湖)

---

① 张落雁,孙辉.象山竹根雕[N].东南商报,2010-11-14(A11).

及古银锭湖(今彭东)四周有古窑址 120 余处,以上林湖一带最集中。以上林湖为中心地的越窑青瓷的发展,使瓷器同丝织品一样成为明州港输出的主要商品。在韩国、日本、泰国、菲律宾、马来西亚、印度尼西亚、印度、斯里兰卡、伊朗、伊拉克、坦桑尼亚、沙特阿拉伯、叙利亚、土耳其、也门等 20 个国家和地区出土了许多中唐至北宋的越窑青瓷。上林湖越窑青瓷深受世界各国消费者的钟爱,成为古代宁波对外贸易、文化交流的桥梁和信使。1988 年 1 月 13 日,上林湖越窑遗址被国务院公布为第三批国家重点文物保护单位(见图 5-7)。

图 5-7　慈溪上林湖越窑遗址

2001 年,慈溪市决定全力支持越窑青瓷产品的生产和开发,恢复传统青瓷烧制工艺,重塑逝去的越窑文明。2001 年 12 月,慈溪越窑青瓷有限公司在慈溪市匡堰镇正式成立,它不仅是慈溪市唯一一家以传承、发展越窑青瓷为主的文化产业公司,同时也是一个专业生产并加工越窑青瓷的文化基地,提供精美的仿古瓷、工艺瓷、礼品瓷及名家大师作品,提供具有较高收藏价值的珍品。经过几个月的瓷土采集、瓷釉配方实验,几十次的试烧失败,越窑青瓷终于在浙江省非物质文化遗产越窑青瓷传承人孙迈华的手里烧制成功。

经过 10 多年的生产和发展,在保护和恢复越窑青瓷的生产中,慈溪越窑青瓷有限公司还继承了传统手工技艺风格,这个只有几十人规模的公司开发出人物注子、鸡首壶、八棱瓶、倒流壶、平口牡丹瓶及原始瓷罐、瓷碗等不同品种的产品。其中,不仅有传统的器型仿制品,还有根据客户要求的样式、图案而创意开发出的新产品。[1] 通过越窑青瓷公司的市场化与产业化运作,古老的陶瓷产业融入了现代科技和文化创意,促进了传统陶瓷产业的升级,不但挖掘出了传统手工瓷器制品的商业价值,而且还走向现代化的品牌道路,创立了属于"上林湖"的品牌。2011 年 5 月,越窑青瓷烧制技艺被正式列入国家级非物质文化遗产名录。如今,慈溪越窑青瓷有限公司还成立了慈溪市越窑青瓷研究所,建立了一个青瓷文化传承基地(见图 5-8),融研发、生产、鉴赏、旅游、普及于一体,将越窑青瓷这项千年的非遗手工技艺一代代传承下去。[2]

图 5-8 慈溪市越窑青瓷研究所

2001 年以来,慈溪越窑青瓷逐渐从遗址开始起步,青瓷产业粗具雏形。2011 年,毕业于景德镇陶瓷学院的慈溪陶艺家施珍创立上越陶艺研究所;2012 年,慈溪画家沈燕荣创办龙腾越窑青瓷研究所;2013 年,慈溪企业家宓国贤对占地 30 多亩的瓷厂进行改造,创办了寿鹤青瓷文化创意园,初具雏形的寿鹤青瓷文化创意园集休闲、游玩、体验、艺术交流等功能于一体。早在 2003

---

① 梅薇. 两代人传承着越窑青瓷烧制工艺[EB/OL]. (2011-11-28)[2016-06-06]. http://news. cnnb. com. cn/system/2011/11/28/007160437. shtml.

② 慈溪,言说青瓷脉脉传承[EB/OL]. (2010-07-14)[2016-06-06]http://cxnews. cnnb. com. cn/system－2010/07/14010795173. shtml.

年接手宁波包装瓷厂时,宓国贤就开始生产青瓷。在对多国文创园区考察后,该厂开始走向多元发展青瓷产业之路。据不完全统计,目前慈溪市共有专业生产青瓷器具的企业 6 家,各类烧制技艺研究所 5 家,青瓷制作体验、传承基地 6 家,青瓷主题综合创意园区 1 座,年产值达 2000 万元。[①] 同期相比,2015年,浙江龙泉市的青瓷产业总产出达 20.03 亿元,其中青瓷从业人员有 1.66万人,企业 821 家,中国工艺美术大师 4 人,中国陶瓷艺术大师 9 人,省级工艺美术大师 28 人。[②] 无论是规模,还是产业效益,慈溪越窑青瓷产业与之还有较大差距。

由于起步晚,市场条件先天不足,慈溪青瓷企业存在着产业基础薄弱、资金投入不足、发展要素缺乏等制约因素。慈溪的青瓷企业都是家庭作坊式的,没有形成规模效应,2000 万元的年产值实在无法和浙江龙泉、江西景德镇上百亿的陶瓷产业相比。例如在浙江龙泉和江西景德镇,大量陶瓷技工让陶瓷业实现了分工细化,生产成本大大降低。在淘宝网上,慈溪越窑青瓷走的是高端收藏品与艺术品路线,其价格为同等品质的龙泉青瓷日用品(见图 5-9)、装饰品等的 2~3 倍。2013 年,慈溪市开始出台相关产业发展规划和扶持政策,市财政每年斥资 1600 万元用于支持包含青瓷产业的新兴文化产业和非遗文化产业做大做强,并且不遗余力培育和引进各级工艺美术大师。慈溪市委、市政府还在《上林湖越窑遗址 2014—2018 年考古工作计划》指导下启动上林湖越窑遗址国家考古遗址公园建设,加快越窑遗址申遗工作,并斥资 1.75 亿元打造上林湖青瓷文化传承园。该园区占地 71.6 亩,集青瓷创意设计、生产、展示、销售、人才培训、旅游服务等功能于一体,打造优秀青瓷企业汇聚转型的孵化基地和高端青瓷文化主题新空间。

此外,位于宁波江北庄桥宁慈公路南侧创意 1956(6-A)的宁波瓷方向陶瓷发展有限公司,作为一家现代陶艺产品和瓷文化研究的公司,是专业从事集陶瓷的研发、设计、生产、营销于一体的国内陶瓷知名企业。其与江西省陶瓷研究所合作,依托和继承景德镇陶瓷工艺的千年文化底蕴与精粹,高薪引进陶瓷研发设计方面的高级人才,结合中国创意工业发展趋势,运用现代企业设计理念,研发、制造具有文化底蕴和内涵的陶瓷产品。该公司生产各种高档陶瓷茶具、灯具、工艺品以及承接各种单位的定制陶瓷产品,从品牌到产品都将宁

①　项一嵚.上林湖畔千年窑火重燃涅槃梦[N].宁波日报,2015-11-11(5).
②　李月红.全球唯一"人类非遗"陶瓷项目　龙泉人守护青瓷千年魂[N].浙江日报,2016-8-19(4).

图 5-9　浙江省龙泉青瓷茶具产品

波历史文化融入其中,令古老的陶瓷产业焕发出新的光彩,走出了非遗文化和创意产品相结合的市场之路。例如其文化创意产品品牌"和丰"取自宁波乃至全国近代纺织工业史上的重要企业和丰纱厂的"和丰"二字,其产品融合宁波历史悠久的红帮服饰文化,设计开发出"服饰陶瓷"——镂空灯、旗袍模特、花瓶等,大大丰富了和丰瓷的内涵;同时,还与宁波慈孝文化与茶文化相结合,生产出现代时尚的茶具,绘有中国花鸟、山水图案的传统茶具,这些均显示出非遗文化创意产品的市场价值和经济效益。

(三)慈溪长河草编工艺

草编是我国民间广泛流行的一种手工艺品。它是利用各地所产的草,就地取材,编成各种生活用品,如提篮、果盒、杯套、盆垫、帽子、拖鞋和枕席等。草编工艺作为传统工艺美术之一,具有多方面的价值。在传统手工业时代,它是生活的创造者;在当代社会,它以传统文化的角色成为历史的一种记忆和象征。草编是中国传统的民间手工艺品,具有丰厚的文化底蕴和文化积淀,其价值不仅仅是囿于一种经济实用链条,而且具有较高的审美愉悦和鉴赏功能。据相关统计,我国编织帽等相关编织类企业众多,特别是浙江台州就达 1600 多家、宁波 1000 多家。编织帽的年产销量达 6 亿顶以上,销售额达 35 亿元以上,其中国内市场销售额达 15 亿元以上,国际市场销售额达 20 亿元以上,呈现内销外贸均衡发展态势,其经济总量是十分可观的。

　　我国长江流域地区的草编原料多采用野生的黄草、苏草、席草(水毛花)、金丝草、蒲草、龙须草、马蔺草、蒯草、荠草、竹壳、箬壳等,也有采用人工栽培的农作物稻草为原料的。长江流域的草编以草席、草鞋和其他日用品类最具特色,分布于四川、湖北、湖南、江苏、浙江等地,其中河南、山东的多为麦草编,上海嘉定、广东东莞的多为黄草编,湖南的多为龙须草编等,而宁波慈溪长河的金丝草帽则是众多草编工艺中的一朵奇葩。

　　据史书记载,慈溪草编的历史至少在 200 年以上。清乾隆年间,编织草帽的工艺由外地传入今慈溪长河一带,成为当地妇女的主要家庭副业。1922 年前后,法国某洋行老板闻知慈溪长河一带妇女善编织,工艺精湛且手工工资低廉,感到有利可图,便将南洋一带所产的金丝草原料运到长河等地发放,组织当地妇女将其编织成草帽,再销往欧美国家。后来,中外商客又相继在长河设立几十家大大小小的草帽行,草帽行雇用的贩子频频活跃在当地,投放草料,收购凉帽。从此,以慈溪长河为中心自然而然地形成了一个金丝草帽的商业网。20 世纪 20 年代以来,长河经营草帽的庄、行达 130 余家,产品远销欧美和东南亚各国。长河也因此而成为金丝草帽的加工生产中心,出现了“十里长街无闲女,家家尽是织帽人”的兴旺景象。慈溪地区鼎盛时期有草帽行 30 余家。1930 年慈溪地区产帽 120 万顶,总产值 480 万银元。20 世纪 30 年代,长河草编界的乡贤张春尧、张贞明、张通海等人为振兴教育,发起在每顶草帽收购款中代扣 6 厘为“兴学资费”的义举,后又改为 1 分,创立了在当时颇具规模的私立小学,并将该校命名为“草帽业小学”。半个多世纪以来,这所草帽业小学培养出了大批有用之才,成为长河镇百年草帽文化的重要载体。①

　　自 20 世纪 90 年代开始,随着经济体制改革的深入发展,宁波慈溪草编企业通过改制,全面推进市场化生产,民营企业和个体经营发展得生机勃勃、如火如荼,其中慈溪长河镇草编之花开遍城乡,涌现出了一大批竹编工艺能人和精品杰作(见图 5-10)。据相关部门统计,目前慈溪市草编工艺企业已发展到百家,规模企业 20 家,全市相关行业从业人员达 7 万人。而仅仅慈溪市长河镇的新一代草帽人就不在少数,全镇草编企业 11 家,产量 6000 万顶,产品销售额超亿元,占全国出口量的 1‰。如成立于 1993 年的慈溪市杭州湾工艺草编厂,是一家私营独资企业。该厂从事各类帽子的设计、生产和加工,生产天然草草帽、手钩帽、兔羊毛帽、围巾等工艺品,拥有专业技术人员 30 多人,职工

---

① 三北丹山. 宁波草编风华之二十三〔EB/OL〕.(2014-08-09)〔2016-06-06〕. http://wenxue. wap. hongxiu. com/5036037_13. html.

500多名,厂房面积5000多平方米,拥有资产1000多万元,年销售额3000万元以上。[①]

图5-10 慈溪市长河镇草帽编织工艺品

　　草编不仅是我国传统的优秀民间工艺,也是慈溪市的重要产业之一,更是慈溪重要的出口产品。慈溪长河草帽编织主要以本地出产的干草为原料,结合不同的编织图案,制成草帽、果盒、杯套、盆垫、枕席等多种多样的生活用品。长河草编与东阳竹编、嵊县竹编齐名,为浙江省重点出口工艺品,在很大程度上已成为慈溪长河镇地方文化形象的重要标志。慈溪长河草帽编织技艺是一项具有旺盛生命力的工艺,也是一项宁波市非物质文化遗产。随着时代的发展,"就拿金丝草帽来说,由于其编织工艺的复杂性及经济效益的低下,现在年纪轻的已经没人愿意干这个活了"。这不仅是草编手艺非遗传承人周荷花面临的非遗传统手工技艺传承的问题,同时也是宁波市政府及相关产业部门面对的一个现实问题。在出台政策扶持文化企业等之外,长河镇政府投资800万元,修建了草帽业小学纪念馆和草编工艺品博物馆(见图5-11),还举办草编

---

　　① 慈溪市杭州湾工艺草编厂[EB/OL].(2000-04-07)[2016-06-06]. http://cixi023610.11467.com/.

技艺大赛等多种活动,让更多的人能够参与到这一手编工艺的文化传承活动中来。[①] 非遗文化创意产业化发展,不但有利于保护与发展草编工艺美术品种、传承和弘扬民族传统文化,而且让有200余年历史的草帽编织技艺传承下去,做好长河草帽这个特色非遗文化产品品牌,并走向产业化发展的市场道路。

图 5-11　慈溪市草编工艺品博物馆(慈溪市长河镇草帽业小学内,旧属余姚县)

(四)鄞州古林草席编织工艺

宁波市鄞州区古林镇是我国"草席"的发源地,宁波古林镇(又名黄古林)是鄞州历史名镇之一,享有"中国蔺草之乡"和"中国草编基地"之称。"东乡一株菜(东吴镇雪菜),西乡一根草(古林镇蔺草)",形象地概括出草编工艺对于黄古林所在的鄞西地区经济的标志性和重要性。利用经筋和纬草,用传统的木制织机编织草席,这是宁波鄞西草席的主要生产形态。手工编织的席草制品也十分丰富,在用途上主要有草帽、草扇、草拖鞋、草垫子等(见图 5-12)。旧时,心灵手巧的鄞西黄古林村民以编织为生者不下数万人,世代相传,草编成为一种特殊的社会化生产方式,与织席一起成为鄞西的一大经济支柱产业和标志性产业。

---

① 传承草帽编织技艺 持续传播慈溪文化.[EB/OL].(2014-12-24)[2016-06-06].http://www.cixi.gov.cn/art/2014/12/24/art_14804_1167193.html.

图 5-12　古林草编工艺品

古林草席的编织历史悠远,草编制品的实物最早可以追溯到商代。古林镇芦家桥史前文化遗址就出土过碳化草席碎片,表明早在 5000 多年前,这里的先人就已开始利用野生灯芯草编织草席。唐代开元年间,宁波草席已传到高丽。在宋代初期,鄞县西乡已广种席草,编织成品。清、民国时期,古林凭借草席集散地的独特优势,仅半公里的沿河街上,形成各式店、行百余家,其中草席行就有四五十家,黄古林年产席上千万条,有席行 23 家,除内销外,还远销东南亚和欧洲、非洲等地。① 1954 年,周恩来总理参加日内瓦会议时,还特地带了 40 条宁波草席馈赠国际友人。

随着现代科技的发展,用老木机手工编织而成的各类草席的品种和数量逐年减少,逐渐被机织纱经席所替代,流传几千年的民间手工编织技艺正在渐渐失去用武之地。20 世纪 80 年代初,有着 300 来户人家的古林镇仲一村几乎家家户户都以编织草席为生,但现在坚持手工制作的只剩下 20 来户。如今,万家做席的景象已不复存在,延伸出来的是社会对这份手工草编遗产的珍视和传承。旧时古林镇家家户户靠编织草席致富,现在只有为数不多的几个六七十乃至八十余岁老人在传承这一手艺,而且人数逐年减少。草席编织工

---

① 黄古林草编:一草荣千年［EB/OL］.（2012-07-31）［2016-06-06］. http://www.gotoningbo.com/zx/yznb/nbfs/201207/t73442.htm.

艺已到了青黄不接、濒临失传的境地。中国草席编织工艺项目的代表性传承人、出生于 1929 年的袁阿蓝,是浙江省第三批省级"非遗"传承人中年龄最大的一位。①

2005 年,为了保护和传承黄古林草席编织技艺,鄞州古林镇仲一村成立草席编织合作社,在区、镇、村的积极努力下,仲一村建设了面积 100 平方米的传承基地,编织户 30 余户,席机 20 余台,传统手艺人 40 余名,手工编织学员 50 余人,年投入经费 5000 元,年授课次数 2 次,以便进行生产和产业性质的开发与保护。随着非物质文化遗产的保护意识逐渐增强,草席编织生产的传统手工技艺保护,古老的草席编织再次焕发生命力。宁波黄古林工艺品有限公司将研发设计与传统工艺结合,使产品从单纯的草席发展到了蔺制品、竹木制品、藤制品、寝具等 100 多个品种,2008 年仅蔺草席类制品就卖出 100 万条。2009 年 3 月 21 日,总价值 70 余万元的 7000 多条"黄古林"蔺草席和枕席被装入两个集装箱运往美国,宁波蔺草制品自主品牌第一次进入美国市场,对古林草席编织这一非遗产品和产业起到极大的推动作用。② 2009 年,宁波黄古林草席编织工艺被列入浙江省和宁波市级非物质文化遗产名录,古林镇仲一村成为省级传承基地,古林镇中学也被列入当地非物质文化遗产黄古林草席编织教学传承基地。2011 年 1 月,由宁波黄古林工艺品有限公司全额投资建成黄古林草编博物馆(见图 5-13),免费向观众展示这一古老技艺的历史和特色,其自身因成为"馆产融合"的典范而受到关注。馆内陈列了千百年来黄古林草席发展的珍贵资料,展示了黄古林白麻筋草席的实物以及数百件黄古林草编工艺品(如草帽、草扇、草篮、草拖鞋等),再现了黄古林席草生产栽培管理全过程,黄古林草席的织席、排席、编草帽、打席筋等旧时工艺流程与劳动情景,充分印证了草编博物馆对黄古林草席编织技艺流程(省级非遗项目)所起到的保存、保护、传承、传播等作用。③

(五)象山古船模制作技艺

船模,即船舶模型,是完全依照真船的形状、结构、色彩,甚至内饰部件,严

---

① 车柯蒙. 一草荣千年　黄古林手编草席将失传?[EB/OL]. (2014-09-09)[2016-06-06]. http://news. cnnb. com. cn/system/2014/09/09/008157336. shtml.

② 俞永均. 宁波蔺草自主品牌闯入美国市场[N]. 鄞州日报,2009-03-22(1).

③ 陈朝霞,徐建成. 首例草编博物馆——馆产融合的鄞州黄古林草编博物馆[EB/OL]. (2012-10-30)[2016-06-06]. http://news. cnnb. com. cn/system/2012/10/30/007509506. shtml.

图 5-13　黄古林草编博物馆

格按比例缩小而制作的比例模型。船模因为其真实地再现原船主要特征,做工精良,且本身蕴含着船舶文化,具有很高的收藏价值。目前,我国的船模企业主要集中在东部沿海一带,即珠三角、长三角地区。中国的各种模型出口量很大,90%左右的船模产品都是出口型商品。2012 年中国船模行业市场规模约为 5.03 亿元,到 2017 年有望达到 7.95 亿元。宁波地区的传统木船制作技艺与鄞州彩船制作技艺已被列为国家级非物质文化遗产,鄞州彩船制作技艺、象山船模木船建造工艺、象山船饰习俗被列为省市县非物质文化遗产。围绕各种木船雕刻技艺、工艺品产业发展现状、存在的问题以及促进产业发展等内容,进行木船工艺品的产业调查、改进和创新,对于弘扬我国民族雕刻技艺,推动木船雕刻工艺品产业发展,有着重要的作用。

由于现代造船业飞速发展,传统的木船渐渐消失了,为了能够用实物将它们保存下来,也使造船技艺能传承下去,让后人知道那些已经退出历史舞台的木帆船是什么样子,宁波象山沿海一部分船厂老职工投身古船制作,宁波市级非物质文化遗产项目代表性传承人杨雪峰就是其中之一。2000 年年初,杨雪峰聚集了一批有 50 多年木船技术经验的原象山东门船厂老职工对古木船的模型展开了制作和复原。2002 年,杨雪峰成立了杨氏古船坊,专门从事古沉船复原、修复,古船模型研究、制作、开发,至今已经造出大大小小上万艘船模,涉及上百个品种,包括古渔船、古粮船、古战船等,结构与真船一模一样;现在基本上制作被称为"宁波唐船"的系列古船(见图5-14),款式、结构上难度更高、工艺更复杂。杨氏古船坊制作的郑和宝船模型,做工精细、色泽艳丽,是宁波地区传统木船制作技艺代表作之一。制作这些古船模的材料都是从缅甸进口的上等柚木,可以有效防止船模变形,从而能够保存得更长久。

图5-14 象山杨氏古船坊工作区(唐船半成品)

杨氏古船坊的作品被中国航海博物馆、澳门海事博物馆、浙江大学、武汉理工大学等机构收藏。2009年6月,象山杨氏古船坊被宁波市文化局授为非物质文化遗产"象山船模制作"传承基地;同时,杨氏古船模制作技艺被列为浙江省非物质文化遗产项目。在此基础上,杨雪峰又成立了象山杨氏古船文化有限公司,现有工作场地600平方米,骨干及员工近20名,成为中国国家博物馆、中国航海博物馆、中国船史研究学术委员会、北京郑和下西洋研究会、中国渔文化研究会等单位的古船复原和船模制作合作单位。[①] 2002年以来的杨氏古船坊,传承古船模制造技艺,集聚一批老船匠制作船模投放到市场,既为石浦开发了一种有文化内涵的旅游商品,又把面临失传的木船制造技艺延续了

---

① 张寅,郑丽敏.象山一古船坊造出万艘古船模,成为石浦一道风景[N].宁波晚报,2014-02-20(A7).

下去,做大做强船模产业,目前年产值已超 500 万元。①

随着中国民间传统手工文化被社会各界所认同,古船制作的专家和一批艺人正着力开发古船模礼品藏品,批量系列的生产产品将直接进入博物馆珍藏。作为具有宁波象山沿海本地特色的非物质文化传承技艺,古船制作技艺需要人去推广,做的人越来越多,也会形成一种非遗文化产业优势。同时,杨氏古船坊也进行发现和培养下一代船匠艺人的工作,与学校、企业和文化部门合作,将古船模制作技艺以及船的发展史等写进校本教材,让更多关心和热爱非物质文化的人士将非遗文化传承下去。

市场的需求、文化消费的发展,孕育和发展了宁波的一批古船模制作企业,如成立于 20 世纪 90 年代的浙江宁波鄞县工艺木制品厂,工厂固定资产658 万元,厂区面积 7832 平方米,有近 20 年生产木船模型系列产品的历史,开发出近千种不同种类和档次的木船模型等产品,并且通过参与中国出口商品交易会,工厂有了长足的发展。成立于 2000 年 3 月的宁波北仑滨港帆船制作有限公司,致力于手工制作工艺精湛的仿古船模,主要船模包括:郑和宝船、龙舟、宁波船、绿眉毛、汴河客船、嘉兴红船等,品种多达百余种,制作的船模被多家博物馆、酒店、企业单位收藏。通过古船模企业或公司与非遗传承人的合作,进行非遗文化创意产品的研制和开发,走市场化、产业化的发展道路必将使古船制作技艺这一非遗文化得以传承和发扬光大。

此外,宁波鄞州区的彩船制作技艺也是一个可以进行非遗创意产业开发的项目。彩船又称"纱船",由薄纱等材料制作而成,因其制作中注重丰富的色彩,故得其名。彩船以船头、船尾饰以龙图案者为"龙船",饰以凤图案者为"凤船"。宁波市鄞州区咸祥镇当地群众通常以船的动物图案或船的造型对船命名,如鱼船、虎头船、官船、花轿船、鼓阁船、亭阁船等。彩船皆不能下水,故又通称"旱船"。确切地说,彩船属于船模,是民间传统大型工艺品。② 宁波鄞州区咸祥镇地处滨海地区,背山面海,船也成了古代社会人们重要的生产工具和交通运输载体,这也是本地人自古以来之所以爱船,并把它作为吉祥物的缘由。咸祥的纱船见证着宁波地方的历史文化沿革,是咸祥庙会文化、渔业文化的产物。

---

① 宁波市文广新局:宁波市象山县石浦镇系住"乡愁",打造海洋渔文化特色小镇[EB/OL]. (2015-03-24)[2016-06-06]. http://www.zjcnt.com/content/2015/03/24/247716.htm.

② 彩船制作技艺[EB/OL]. (2010-08-07)[2016-06-06]. http://www.zjfeiyi.cn/xiangmu_jb/detail/26-763.html.

（六）鄞州雪菜制作技艺

鄞州邱隘咸菜是浙江宁波著名的特产，是用雪里蕻菜腌制而成，有香、嫩、鲜、微酸等特点，很能让人生津开胃，深受人们的喜爱。雪菜腌制的咸菜具有色泽黄亮、清香可口、清脆无硬梗等特色，无论炒、煮、炖、蒸、拌，作配料、汤料皆鲜美上口，故有"邱隘咸齑"的美称，尤其是做鱼类、油腻类菜肴时，咸菜是不可缺少的配料（见图5-15）。

图 5-15　鄞州雪菜制作出的各式菜肴

鄞州区种植、腌制雪菜已有 1000 多年历史，以新鲜雪里蕻为原料腌制而成的咸齑是宁波的传统腌制品和特色菜肴。宁波乡谚里提及的"三日不吃咸齑汤，脚骨有点酸汪汪"，体现了鄞州地方居民"蔬菜三分粮，咸齑当长羹""家有咸齑，不吃淡饭""咸齑炒炒，冷饭咬咬"的传统生活状态。清末，邱隘咸齑在南洋劝业会上获得银奖。20 世纪三四十年代，鄞县的咸齑笋销往本县的东乡、南乡和西乡的 29 个市场，如东吴、五乡、梅墟、韩岭、姜山、甲村、黄古林、横街头、望春桥、樟村等共 61 家鲜咸货店，也有一定数量销往江北、奉化、定海等地，甚至远销东南亚。改革开放后，鄞州邱隘镇邱一村、邱二村率先开发雪菜软包装和雪菜原汁等产品，提高了雪菜及腌制品的附加值。[①] 1993 年，鄞州邱

---

①　吴海霞.邱隘咸齑的前世今生[N].鄞州日报,2013-10-01(4).

隘镇邱二村成立引发绿色食品有限公司,创办第一年就成为全省雪菜行业的优秀企业,年末在泰国食品博览会上获得金奖。2002 年,鄞州区被中国特产之乡专业委员会命名为"中国雪菜之乡";2005 年,鄞州雪菜被国家质量监督局认定为"原产地标记"产品。

邱隘咸齑腌制工艺 2008 年被列入宁波市级非物质文化遗产名录,宁波引发绿色食品有限公司为鄞州区非物质文化遗产保护的传承基地,厂长乐海康为代表性传承人。2013 年 9 月 29 日,引发公司投资兴建的宁波鄞州雪菜博物馆正式开馆(见图 5-16)。该博物馆占地 35000 平方米,展馆分历史演绎、雪菜栽培、腌制加工、美食烹调、回味无穷等 7 个部分,共 500 多件实物,从昔日的大缸腌制、提桶小卖,到现在的工厂化生产、流水线作业,在雪菜博物馆里得到一一呈现。① 作为邱隘咸齑腌制工艺的非遗传承基地,2014 年 11 月,鄞州雪菜博物馆创立了雪菜文化节暨"闹咸齑"比赛,"闹咸齑"即传统人工脚踏式雪菜腌制法,有理菜、摊晒、装缸、叠菜、撒盐、踩踏、封缸 7 个步骤。通过传统雪菜制作工艺流程的展示和普通百姓的参与体验,邱隘咸齑腌制技艺和雪菜文化得到了更好地传承和发扬。鄞州雪菜博物馆不仅是宁波市非遗传承基地,而且也是宁波市中小学生社会大课堂实践基地,其所在的引发工业有限公司工业园区将工业和旅游完美结合,成为浙江省工业旅游示范点。

图 5-16　鄞州雪菜博物馆

---

① 　陈科峰.鄞州区雪菜博物馆开馆[EB/OL].(2013-09-29)[2016-06-06].http://www.zjfeiyi.cn/news/detail/31-4251.html.

鄞州邱隘人种植雪里蕻、腌咸齑,早已成为一条产业链,延伸到地区内外及宁波周边,甚至舟山群岛。20世纪80年代以来,随着农村实行家庭承包经营,农民开始按照市场的需求发展生产,扩大咸齑产业,邱隘邱一村、邱二村的邱永康、邱国成和胡信全等村民,通过种植、收购,进行自腌自销,每人年销售达四五百缸之多。2000年,鄞州区雪菜协会成立以来,形成了以引发绿色食品有限公司、紫云堂水产食品有限公司、三丰可味食品有限公司为龙头的雪菜产业链,打造了一批各具特色的中国驰名商标或省市名品,实现了雪菜企业从作坊式的小企业逐步向现代化的食品加工企业发展。近些年来,鄞州雪菜常年种植面积稳定在1200公顷左右,年产雪菜5.25万吨,咸菜总量3.72万吨,产值1.5亿元。雪菜加工产品达10多种,产品除销往江、浙、沪地区和北京、南京、广州等城市,还远销港澳地区,并销往澳大利亚、新西兰、日本、美国等国家。如今,"鄞州雪菜"这一品牌已成为鄞州区经济统领的传统农产品和农业支柱产业之一。

第三节　宁波非遗创意产品的产业经营

历经千余年的传承与发展,宁波传统手工艺、民间工艺品制作水平不断提升,制作品种、类型及消费市场逐步扩大。当前,宁波地区有些工艺品如黄古林草席、慈溪长河草编和越窑青瓷、鄞州邱隘雪菜等已经成为地方经济的特色产业,还代表中国民间传统手工艺品销往世界各地,为传播中国的非物质文化起到了重要作用,但宁波的手工艺品市场还未形成一定的产业规模,需要在产业经营与管理上做好进一步发展的规划与投资。

一、大力开发宁波非遗文化创意旅游工艺品

随着我国经济发展和国家影响力提升,中国文化越来越受到世界各地的欢迎,而作为中国传统文化象征的一部分,民间工艺品以及非遗文化创意产品的国内外市场前景也越发广阔。成功走向国际市场,对中国非物质文化的国际传播也具有重大意义。但是,从我国旅游产业的结构来看,吃住玩行购五大主要旅游内容和要素中,购物还是一个薄弱的环节,极大地影响了旅游产业综合效益的提高。在旅游者青睐的文化旅游、休闲旅游、海洋旅游等产业中,旅游者人均花费构成更是不合理,交通费用过大,而购物比重过小,用于购物花费的比重远远低于世界旅游业发达国家的平均水平。

　　近些年来,宁波文化旅游、海洋旅游、休闲旅游业的逐渐崛起,也带动了交通、餐饮、通信、宾馆业的发展,但旅游最直接的衍生物——文化旅游商品却一直未得到真正的产业化发展,具有特色文化的旅游商品的生产和销售在旅游市场各构成要素中已明显滞后。如常见的贝雕、木雕、工艺画、根雕、剪纸、船模、佛珠链、手链、装饰品等各种宁波传统特色类工艺品(见图5-17),从某种程度上来讲,无论是普通饰品、饰物,还是作为一种高雅艺术品被购买和收藏,并没有真正走向大众市场。例如,作为宁波特色的剪纸、根雕、木雕、饰物等非遗文化创意产品,其在国内很多旅游市场都很常见,缺少地方文化特色题材的创意内容。宁波地区有着传统的民间、民俗文化发展历史,随着文化旅游业的兴起,这些非物质文化可以很快进入市场,成为文化产业市场的重要内容和载体。非物质文化创意产品或工艺品是旅游商品的重要组成部分,也是反映旅游地传统文化的重要的有形"媒体"或象征物。由于宁波非遗文化创意产品或工艺品业的发展相对薄弱,适应不了当前文化旅游、海洋旅游、休闲旅游等新的发展形势,满足不了游客需求,既影响了区域旅游综合经济效益的提高,又不能充分带动相关娱乐、休闲、旅游文化产业的发展。因此,当前亟须提高认识,摸清宁波非物质文化创意产品和工艺品的产业现状,切实加强非物质文化创意产品和旅游工艺品的开发研究,并尽快制订出相应的创意设计制作和开发策略。

图 5-17　宁海前童古镇旅游景点的传统工艺品

二、创意产品要与工艺美术行业结合

工艺美术行业是具有产业和艺术双重属性、实用和审美双重功能的特殊行业，它凝聚着民族的智慧和创造，传承着民族的历史和文明，担负着弘扬优秀民族文化和振兴民族产业的重任。随着经济全球化趋势的加强和现代化进程的加快，传统工艺美术业受到越来越强烈的冲击，面临着重大的机遇和挑战：一方面，由于片面追求经济利益，对资源进行掠夺性开发，忽视传统工艺美术的文化内涵，手工技艺与机器生产的矛盾加剧；另一方面，资源匮乏和自然生态的破坏，又唤起人们对回归自然的强烈追求和对原生态美的重新认识。这一切都提醒着人们要更加关注人和自然和谐相处。物质文明和精神文明统一，也为传统工艺美术业的复苏和发展提供了广阔的发展空间。

2009 年，国务院制定了《文化产业振兴规划》，文化产业已经上升为国家的战略性产业。同时，国家又将工艺美术业作为文化产业的一个重要组成部分，古老的工艺美术业迎来一个难得的发展机遇。所以，在非遗文化创意产品的设计、生产、加工和制作中，也注重将工艺美术的理念融入文化产品的制作中，在非遗文化工艺品的工艺技术上不断创新，比如改平刻为透雕法，由平面图案转向立体图案，提高整体审美效果，采用手工雕刻与机器加工相融合等。如变换视角体现贝壳之美的艺术产物——海南的"原贝工艺画"，就是将工艺美术和海洋工艺品融合的很好体现。1999 年，海南海蓝蓝工艺品公司率先在全国研制并推出"原贝工艺画"，它一改中国传统的贝雕工艺画模式，采用精美原贝作为艺术构图主题，以欧美流行的画框进行装饰，从而赋予原贝一种全新的艺术生命力。在贝类中融入了文化色彩的联想，配以适宜的装饰线条、上下两层的立体空间镜框，一个天人合一的原贝工艺画应运而生，贝壳的艺术美得到最好最空灵的展现。[①] 这些原贝工艺画一经研制和推出后，很快在全国引起反响。如今，海南已有多家开发原贝工艺画的公司，产品伸展到北京、上海、重庆、成都、深圳等大城市，甚至远销欧美，这些应该是值得我们去学习，并结合本地市场实情去推广的产业发展经验。

宁波的很多非遗传统技艺本身就包含了许多工艺美术的制作理念、技术和审美价值，经过千百年的代代传承，产生了一大批手工技艺精品。例如成立于 2010 年 12 月的宁波金银彩绣有限公司，通过对宁波金银彩绣传统工艺的

---

① 海南贝壳工艺品简介［EB/OL］.（2006-09-09）［2016-06-06］http://www.lvyou114.com/changshi/2/2922.html.

改良和创新,在传承、创新发展过程中与现代工艺美术相结合,创作出了很多适合日常生活应用的绣品,包括家居饰品、宗教用品、小吉祥画、四条屏风、披肩、围巾、挂件、挎包、名片夹、钱夹、首饰包、化妆包、手机套、绣花筷套、桌旗、靠垫等一系列创意性工艺美术文化产品,工艺美观、实用性强,在市场上深受欢迎而又有较大竞争力(见图5-18)。

图 5-18　宁波金银彩绣有限公司的创意工艺美术产品

此外,还有前述的慈溪长河草帽编织技艺,在科学技术和网络技术发达的现代社会,一些草帽编织企业或公司需要一批熟悉相关产品的制作工艺过程,具有美术造型能力、产品设计能力、使用电脑美术设计软件进行产品辅助设计能力、独立制作产品实样或模型的能力、绘制设计图和效果图的能力、开拓创新能力、一定鉴赏和修复相关工艺品能力的人员。企业在收获经济利益的同时,开始注重对产业文化、企业文化、品牌文化的建设,开始关注产品的艺术性、创意性。其中,慈溪兰天、合盛等帽业有限公司的草编帽在中国工艺美术品展中荣获金奖,并通过现代工艺美术引领文化创意产品来赢得更多的市场。这就决定了慈溪市草帽编织技艺不能只停留在传统手工技艺加工与制作的水平,而是应该与现代工艺美术业相结合,有创意、有突破地发展非遗文化创意产品,这样才能使公司或企业的文化产业实现可持续发展。

三、文化创意产品公司的经营与管理

宁波从事文化创意产品生产的企业散布于各地市、县等小区域范围,一般为家庭作坊式和个体私营企业。目前,消费市场中的工艺品多半都是由家庭作坊生产的,难以形成产业规模。宁波文化市场或者一些工艺品交易市场的工艺品生产、加工企业大多数是以家庭小作坊的形式形成,每户的技工人员以及技艺参差不齐,木材、石材、竹材、蔺草、金丝草等原料依靠种植、收集或收购而获得,生产加工成员由家庭成员组成,各自为战,规模小,收益低。当前,在旅游市场和文化产业经济发展的驱动下,宁波非遗文化创意产品生产与制作的相关公司、企业需要有效的政策、资金引导与支持,积极参与市场经营与竞争,不断壮大发展规模,走专业化、产业化的经营与管理的市场发展之路。

从文化产品本身来看,我国旅游市场的产品存在着设计雷同、无新意,加工不精美,文化含量低,品种、款式较少,无形式变化,营销不力等突出问题。从我们在杭州西湖,舟山普陀山、朱家尖、桃花岛,丽水龙泉,宁波象山石浦古镇、前童古镇、南塘老街,宁波东钱湖、象山影视城、溪口蒋氏故里,宁波鄞州西江古村、梁祝文化公园等地旅游景点的文化产品市场观察来看,宁波文化旅游景点的手工艺品、饰物、纪念物,其制作工艺相似,产品品种单调,将非物质文化与现代社会生活相结合的创新产品不是很多。而如贝类工艺品、草帽编织、草席编织、剪纸、雕刻等一般是走大众化市场,大多为初级资源型产品,利润微薄。因此,宁波要在传统的手工艺村镇或生产基地确立一批非遗文化创意产品的生产、制作骨干企业,给予政策倾斜,重点扶持,有条件的可以进行文化产品原材料市场收购,培育和促进其实现市场化、产业化的发展。通过非遗文化创意产品企业或基地专业的生产加工,扩大规模效应和辐射效应,实现文化创意产业行业整合发展,形成具有竞争力的特色文化产业集群。

四、非遗文化创意产品产业基地和队伍的建设

当前,非遗文化创意产品中某些刺绣、剪纸、木雕、草编、贝类饰物、饰品水平不高、题材单调,一些传统手工艺品技艺传承面临断流。如前所述,宁波朱金漆木雕、金银彩绣、象山竹根雕、传统木船技艺等技艺传承人越来越少,实现传承人的延续面临巨大压力。一些非遗文化创意产品的设计、制作、雕刻、加工企业在产品形式上随意性较强,传统文化元素较少,技术制作比较粗糙。当前很多传统文化产品及其制作技艺是我国的非物质文化遗产,应将传统文化元素植入文化产品的加工、制作中,以提高文化产品的传统文化和手工技艺含

金量,增强非遗文化创意产品的竞争力。宁波相关政府部门或机构、企事业单位等可建立专门的非遗文化创意产品基地,通过举办刺绣、剪纸、雕刻、编织、扎彩灯等工艺品技艺培训班,培养文化产品制作技艺人才,通过提升与优化文化产品市场环境,加大民间文化、传统手工艺品艺术的传承与人才培养力度,实现非遗文化创意产品人才队伍的持续性发展。

例如,建于 2008 年 5 月,位于鄞州区下应街道湾底村西江古村的鄞州区非遗馆,室内展示面积达 1500 平方米,室外活动面积约 1000 平方米。2015 年 2 月 6 日,该馆重新装饰布置后(见图 5-19)开设六个馆区:一号馆为综合馆,简述鄞州非物质文化遗产传承和保护的成果;二号馆展示民间刺绣、香包、老虎鞋、剪纸、传统插花制作;三号馆展示草帽编织、灯笼扎制、竹刻、鄞州竹编;四号馆展示箍桶、打镴、草席编织、渔船制作;五号馆展示金银彩绣、面塑、灰雕、泥塑、石刻;六号馆展示朱金漆木雕、骨木镶嵌;另有王升大传统粮油加工、赵大有传统糕团现场制作售卖等。鄞州区的 5 项国家级非遗项目、浙江省级 21 项非遗项目、宁波市级 45 项非遗项目、鄞州区级 78 项非遗项目等在该馆几乎定期都得到活态展示,该馆融作品展陈、现场手工技艺展示和非遗培训、体验于一体,真正地发挥了非遗产业基地的功能和作用。

图 5-19 宁波鄞州非遗馆开馆活动

每逢节假日、双休日,甚至平时,来自省内外、宁波各区县机关单位、学校等的群众组织、个人等络绎不绝。在这里,爱好非遗传统手工技艺的人,可以向非遗传承人现场学习传统插花艺术、剪纸、老虎鞋制作、香包制作、彩线刺绣、鄞州竹编、竹刻、彩灯扎制、草帽编织、箍桶、打镴、草席编织、渔船制作、泥塑、梅园石雕、金银彩绣、面塑、灰雕、朱金漆木雕、骨木镶嵌等各种手工技艺,真正成为一座非遗项目展示、学习和教育的大课堂(见图 5-20、图 5-21)。从2015 年鄞州非遗馆活动安排表中可以看出(见表 5-1),丰富的活动内容、精彩的现场技艺演示以及充满季节、节日氛围的非遗文化活动,不仅吸引了大量的游客参观、游览,而且对社会市民群众、学校师生等起着生动的非遗展示与教育熏陶作用,也大大激发了民众传承和保护非遗的热情,甚至一批人成为其中一员、步入非遗传承和保护的队伍。

图 5-20　非遗展示中心内学习香包制作

图 5-21　非遗展示中心内学习面塑技艺

表 5-1　鄞州非遗馆 2015 年度活动安排

序号	时间	具体内容	协办单位或协办人	备注
1	2月2-8日	传统手工艺传习周	14 位非遗项目传承人轮流讲座	
2	2月6日	开馆仪式、舞龙舞狮、宁波评话(张少策、阿伟)、王升大搡年糕、赵大有做金团、绿豆糕	鄞州区文广局、文化馆、大岙村、横溪岐山学校	
3	2月7日	大头和尚、渔翁捉蚌表演、宁波走书(沈健丽、闻海平)、王升大搡年糕、赵大有做金团、绿豆糕	文化馆、翁家桥村、宋严王村	志愿服务鄞州职教中心
4	2月8日	马灯表演赛、王升大搡年糕、赵大有做金团、鲜花糕	文化馆、各马灯队	
5	2月11日	送春联、剪窗花(嵩江书画院剪纸)、搡年糕	嵩江书画院、王升大、何贤顺、徐世红	

续表

序号	时间	具体内容	协办单位或协办人	备注
6	2月22日	彩灯扎制培训、彩灯展示、评比	文化馆、钱元康	
7	3月5日	"羊年闹元宵、赏花灯、猜灯谜"元宵节系列活动	赵大有、王升大裹汤圆助兴、傅瑞庭准备宁波谜语、咸祥庙渔灯展示	
8	3月7-8日	三八女红节:金银彩绣、民间刺绣、香包、老虎鞋、剪纸、插花现场培训,征集展示作品。		欢迎协办
9	3-12月	鄞州职教学生非遗社团活动	鄞州职教中心	
10	3月中旬	宁波诺丁汉大学外籍学生走进鄞州非遗馆体验中国传统文化		40名左右
11	3月20—31日	雪菜腌制培训、咸菜评比、厨艺大比拼	鄞州引发绿色食品有限公司	周一除外
12	3月29日	蒲公英假日体验(自助式培训)	蒲公英假日学校	
13	3月下旬	内家拳培训班	内家拳文化促进会	
14	4月1—10日	做青金团、青麻滋、青团现场体验活动	赵大有、王升大公司	周一除外
15	5月1—3日	现场随意体验各项技艺、举办香包制作培训、香包展示	香包传承人郭玲妹	舞台民间艺术表演
16	5月6日	立夏民俗活动(编蛋套、扎立夏绳培训;小朋友注蛋比赛)	2号馆传承人	
17	5月10日	蒲公英假日学校,参与非遗馆全部展示项目	蒲公英假日学校	学生50名左右
18	6月19—21日	把手工乐趣和非遗味道带回家,现场传统手工包粽子、现场香包制作、传统小孩户外游戏。	赵大有、王升大、2号馆	欢迎协办,限60人
19	6月份(每周五、周六)	剪纸、插花、面塑系列培训班	2,5号馆	9:30—11:00
20	7月份(每周日)	"雕塑西江"系列非遗学堂:朱金漆木雕、泥塑、灰雕、面塑、梅园石刻	5号馆	9:30—11:00

续表

序号	时间	具体内容	协办单位或协办人	备注
21	8月份 （每周六）	"竹之艺"系列非遗学堂：现场展示竹编、竹雕、竹刻、竹壳地毯制作、传统竹制品、竹家具饰品、竹乐器等。	3号馆	欢迎协办，限50人
22	9月26日 中秋节	"品传统糕点、赏西江明月、享古乐琴声"中秋茶会	参与项目：梅龙镇月饼制作、赵大有糕团制作，内家拳促进会、天姿花艺	欢迎协办，限200人
23	10月1—7日	现场工艺体验，民间文艺表演，传统厨艺大比拼；舞龙舞狮、大头和尚、渔翁捉蚌、跑马灯	2～6号馆	每馆限30人，厨艺限50人
24	10月20日	重阳糕制作培训	状元楼大厨	限30人
25	10—11月	竹艺培训	3号馆	限50人
26	11月底	"雪菜香"厨艺培训、大赛	引发食品公司、雪菜博物馆、状元楼	限50人
27	12月22日	冬至节搓汤果、品汤果等活动	赵大有、王升大食品公司	限60人

五、从旅游经济学角度促进非遗创意产品的发展

2014年，国务院颁布《关于推进文化创意和设计服务与相关产业融合发展若干意见》，明确指出提升旅游发展文化内涵的意见和导向。在一定意义上，这对旅游业与文化创意产业的融合发展带来了新的机遇和启示。所以，旅游业与文化创意产业的进一步融合空间非常大，因为文化创意产业大大丰富了旅游产品的内容，而且旅游业本身也是文化创意产业的重要组成部分。以文化旅游演艺市场为例，当前我国旅游演出已成为演艺文化与旅游业融合程度较高的产业，出现了多种相对成熟的产业化模式，如实景演出模式、主题公园模式、旅游舞台表演模式等。《印象·刘三姐》《宋城千古情》《魅力湘西》等文化旅游演出项目已经成为当地文化的"代名词"。作为融合发展诞生的旅游新形态，主题公园建设突飞猛进。[①] 无论是"老牌"的华侨城还是后来快速发展的方特，都是这方面的典型代表。不过，在经过快速发展期之后，文化创意产品的短板，暴露了国内主题公园的后劲不足。

---

① 韩秉志.创意绘制文化"旅"图[N].经济日报,2014-04-03(16).

　　如何使文化旅游的产值增速不低于旅游产业的产值增速？从经济学角度来看,文化旅游的发展可分为外延扩大再生产和内涵扩大再生产两种。外延扩大再生产是在生产技术、劳动效率和生产要素(生产资料和劳动力)质量不变的情况下,依靠增加生产要素数量以及扩大生产场所来扩大生产规模,具体到文化旅游领域,主要就是做大文化旅游的规模。在"保护为主"的前提下,这种做大显然不能依靠对文化资源的过度利用,而只能将相关资源整合起来做大产品规模。这种做大,是基于旅游经济学角度的认识:文化旅游开发的重点虽然是对传统文化、文物、博物馆及其所代表的文化内涵的挖掘,但如果仅仅关注这一单一要素的开发,不足以满足不同层次的游客市场。① 因此,非遗文化创意产品的产业化开发,要根据文化旅游地的地理环境、传统文化特色和文化旅游市场的需求等特点,加强对文化旅游地各个类型的旅游资源的整合,力求非遗文化、非遗博物馆、非遗主题园、非遗文化产品与其他旅游资源紧密结合(见图 5-22),综合利用区域内各种社会文化资源,形成不同层次的旅游景点和旅游圈,以此拓展、优化非遗文化创意产品的地域空间结构。

图 5-22　宁波鄞州梁祝文化公园

---

　　① 刘世锦.中国文化遗产事业发展报告(2012)[M].北京:社会科学文献出版社,2012:
52-53.

　　发展和壮大文化旅游市场,创新非遗文化产品内容和样式,打造非遗文化创意产业链,这对宁波经济社会和文化产业的发展形成龙头产业作用。无论是有形的文化产品,还是无形的文化产品,都要讲求"内容为王",围绕内容发展文化旅游业,非物质文化以及非遗保护项目就是一个内涵丰富、底蕴十足的产业宝库,易于扩大地方文化产业规模,形成产业链和提高产业效益。具体而言,在文化旅游地内,将文化旅游资源与其他类型资源进行互补性开发,加强文化旅游与休闲度假、民俗文化、绿色生态、节庆会展等类型旅游文化产品的组合开发与整合,使文化旅游产品在内容上更加丰富、在类型上更加多样、在层次体系上更加完整,以满足消费者的个性化需求,使得文化旅游地的微观空间领域得到进一步拓展。如在传统文化旅游资源开发中,"文化＋科技""文化＋旅游""文化＋节庆""文化＋博物馆"等模式在当前越来越受到关注,这些模式在大力挖掘非物质文化遗产的市场经济价值的同时,充分利用周边的文化旅游和自然资源,以文化旅游产业为主轴,带动人文旅游、绿色旅游、低碳旅游的发展,并以非遗创意文化产品为后盾,推动文化旅游产业市场形成一种互补型的产业经济业态。

第六章　宁波非遗创意产业政策
与人才发展研究

　　文化创意产业政策是指国家或地方根据特定的文化创意产业发展问题和文化创意产业发展规律的基本要求,对文化创意产业行为进行规范、引导、激励、约束的规定。文化创意产业的发展不仅关系到我国产业结构的转换升级和经济可持续发展,同时也对我国建设先进文化、维护国家文化安全、提高文化软实力、提高文化的国际竞争力和影响力有着重要意义。[①] 因此,制定适合本地实情的文化创意产业发展的政策,为文化创意产业提供资金支持,吸引和培养更多专业的文化创意人才,对文化创意产业持续、健康、稳定发展起着积极的作用。

第一节　文化创意产业政策发展概述

　　文化创意产业不仅仅是政府行为和企业行为,更具有广泛的市场经济效益和社会效益。应立足于提升宁波城市软实力的高度,从政府层面加大对文化创意产业发展的重视和领导,加强对文化创意产业在政策、资金和人才等多方面的支持和优惠,为推动地方城市的文化创意产业化发展提供有力的保障。

一、文化产业政策保障

　　20 世纪 90 年代以来,文化产业在全球的兴起,推动了世界各国纷纷大力发展文化产业,这些国家意识到增强本国国力需要战略性调整产业经济结构,

---

　　① 丁芸,周娟娟.促进文化创意产业发展的政策体系构建[J].公共经济与政策研究,2014(1):93.

保护本国文化产业发展的生态环境,致力于产业经济可持续发展。文化创意产业作为知识密集型新兴领域,已经成为当今发达国家和地区迅速崛起的重要产业。据有关资料显示,全世界创意产业每天创造的产值达 220 亿美元,并以 5% 左右的速度递增。因此,各个国家强调完善对本国文化产业政策、规章和制度的建设,围绕"有限"文化空间一部分的创意经济思考,围绕文化产业空间观念、竞争观念、环境观念和资源观念等话题,制定和完善相关的文化产业政策、策略,正在成为世界各国政府、专家和研究人员的关注热点。

我国的文化产业也是伴随着文化市场的繁荣和发展而出现的一种新型产业,从中央到地方各级政府最早的文化产业政策是在文化市场管理与调整中逐渐出台的,但很少有涉及非遗文化创意产业的内容。21 世纪以来,创意文化产业在全球的逐渐兴起,带动了相关的文化创意产业发展研究,非遗文化创意产业也逐渐受到越来越多的关注,开始出现在我国各级政府的政策、纲要文件里。如 2009 年 9 月,国务院颁布的《文化产业振兴规划》首次将文化产业明确为国家战略性产业,其中提出"重点推进文化创意产业,加快文化产业园区和基地建设";2010 年 10 月,国务院出台《关于加快培育和发展战略性新兴产业的决定》,提出"大力发展战略性新兴产业,加快形成新的经济增长点";2011 年 10 月 18 日,中国共产党第十七届中央委员会第六次全体会议通过《中共中央关于深化文化体制改革,推动社会主义文化大发展大繁荣若干重大问题的决定》,决定"加快发展文化创意、数字出版、移动多媒体、动漫游戏等新兴文化产业,构建结构合理、门类齐全、科技含量高、富有创意、竞争力强的现代文化产业体系";2012 年 2 月 15 日,《国家"十二五"时期文化改革发展规划纲要》又正式提出要进一步加快发展文化创意、数字出版、移动多媒体、动漫游戏等新兴文化产业;2014 年 3 月,国务院印发《关于推进文化创意和设计服务与相关产业融合发展的若干意见》,强调"要将文化创意和设计服务作为培育国民经济新的增长点、提升国家文化软实力和产业竞争力的重要抓手"。一系列涉及文化产业、创意产业的政策法规的出台,均显示出文化创意产业日益成为国家产业政策的重点,体现了国家对快速发展文化产业的高度重视。从我国的文化创意产业的战略规划来看,其具有明显的政府强力推动的色彩。一方面,连续出台多个国家层面的战略规划,不断加强文化创意产业的战略地位和市场属性;另一方面,我国也越来越重视知识产权保护、投融资体系建设等关键性问题,对重点行业支持力度加大,形成了一系列针对性较强的文化创意产业政策体系,同时也取得了一些成果。①

　　文化创意产业的各项政策均是根据我国不同时期的经济发展战略而设计的,体现了政府的政策目标。北京、上海、重庆、江苏、浙江等地"十一五"规划早已将文化创意产业列为重要议题,先后出台多份政策性文件予以支持发展。2009年,浙江省发改委印发的《浙江省文化创意产业发展规划》中,着重构筑"一核三极七心四带"总体布局,提出文化产业增加值在地区生产总值中的比重明显提高,成为浙江省国民经济的新兴支柱产业的系列目标。在《浙江省文化创意产业发展中期(2011—2015年)规划》中,明确提出了初步建成杭州、宁波两个综合性创意城市的发展目标。从国家到省政府层面,多项涉及文化产业的政策、规划、意见及若干规定,也为宁波市出台各类文化创意产业发展政策指明了目标和方向。

　　从2006年起,宁波文化创意产业在政府推动下迅速发展,先后出台《关于推进文化产业发展的若干意见》《关于大力推进文化创新的若干意见》《关于推进市工业设计与创意街区建设的若干意见》《关于加快都市产业及相关服务业发展的若干意见》等政策。2009年9月,宁波市政府印发《宁波市传统工艺美术保护规定的通知》,为保护传统工艺美术,促进传统工艺美术事业繁荣与发展做出了具体的规定;2011年10月,宁波市政府印发《关于鼓励和引导民间资本投资发展文化产业的若干意见》,在财税、投融资、人才引进、土地保障等方面出台了更为积极的扶持激励政策,为民间资本掘金文化产业提供了新的契机。2015年5月,宁波市人力资源和社会保障局出台《宁波市中长期人才发展规划纲要》,从人才队伍建设主要任务、战略举措以及实施政策等方面,进一步完善了宁波市的人才政策和服务体系,持续加大人才开发投入,有效发挥市场配置基础性作用,以高层次人才和高技能人才为重点的各类人才队伍建设取得显著成效。2016年7月,宁波市出台《宁波市级文化创意产业园区认定及管理办法》,规范园区的申报、认定、考核及相关管理工作,引导和促进文化创意产业园区的科学健康发展和可持续发展。总体上看,不同时期、不同阶段的政策、规划及意见的出台,都是在宁波现有的文化产业发展现状和现实基础上提出的,也有对未来发展方向和目标的规划,这些都是宁波文化创意产业获得迅速发展的有利保障。但在宁波文化创意产业发展的不同时期,政府出台的各项文化创意产业政策在对文化产业的扶持上需要避免均衡发展的模

---

① 丁芸,周娟娟.促进文化创意产业发展的政策体系构建[J].公共经济与政策研究,2014(1):96.

式,应秉持扶优扶强、分层推进的原则,要结合宁波文化创意产业发展的实际,明确重点和优势,进行政策倾斜,形成文化创意产业品牌。

二、文化产业资金支持

政府引导,民资助力,使宁波市形成了一条涵盖文化产业基金、文化产业信贷风险补偿资金、文创银行、文创小贷公司、文化产业发展专项资金等的文化企业金融供给链。金融与文化"共舞",使宁波市的文化产业得到了长足发展。10余年来,宁波市文化产业增加值年均保持15%以上的增长率,资本杠杆在文化创意产业的发展中发挥了巨大的市场效应。

(一)文化产业融资

当前,虽然我国文化创意产业发展增长速度较快,但结合文化创意产业的实际情况,其融资现状不容乐观,具体主要表现在以下几个方面。首先,缺乏适合文化创意产业发展的融资环境。我国在开展文化创业产业的过程中,并未将产业的融资环境作为研究重点,导致融资环境出现影响公平、公正以及公开方面的问题,缺乏行之有效的管理制度,无法引导整个融资环境的发展。其次,文化创意产业融资渠道相对单一。文化创意产业作为国家产业整体构成的一部分,良好的发展以及多元化的融资渠道能够实现产业集群,发挥出产业集群的优势。但结合实际情况,我国当前文化创意产业的发展,存在融资渠道狭窄,基础性建设相对落后的问题。在具体实践与发展中,产业集群效应阻碍整个产业结构的调整,需要探索多元化的创意产业融资渠道。最后,政府作为推动文化创意产业发展的基础力量,其发挥的作用极其有限。包括如何为文化创意产业提供融资渠道、政策便利以及扶植条件等多项基础手段等方面的行动还没有真正地落到实处。我国文化创意产业的发展正处于探索时期,还未真正走向成熟。

统计数据显示,2013年以来,宁波市文化领域贷款年均增长25%,金融机构累计为4700余家文化企业和近百个文化重点项目建设提供了个性化的融资服务。目前,宁波市已有10多家文化企业上市或在新三板挂牌,像甬派传媒这样已经走在挂牌新三板半路上的文化企业有10多家,2016年年内实现上市或在新三板挂牌的文化企业有6~8家。2014年6月,宁波市成立了中国农业银行宁波文化创意支行,授信额度为7.5亿元。文化企业资金周转困难时,不用拿着房产证去银行办理抵押贷款了,只要提出申请,该支行马上会派人开展客户调查,在核实相关情况后很快就会放贷。截至2016年4月,该支行已向全市文化企业和文化重点项目建设发放贷款约 4 亿元。为解决银行信贷风险问题,宁波市 2015 年设立了规模 1000 万元的文化产业信贷风险补偿资金,主要用于金融机构对中小微文化企业的贷款所产生的损失进行补偿,万一出现贷款风险,则由风险补偿资金、保险公司和银行按照 4:4:2 的比例分担。① 此外,宁波要完善产业投融资体系,积极学习上海、深圳文化创意产业发展经验,针对文化创意企业有别于其他企业的特点,建立创新文化创意产业授信模式。鼓励发展产业风险投资,支持国内外风险投资机构投资宁波文化创意企业债权和股权,切实推进风险投资基金、股权投资基金与企业实现对接。推动文化创意企业上市募集资本,引导有条件的优质文化创意企业通过公开发行股票进行直接融资,支持处于成长期、发展前景广阔的中小文化创意企业在创业板、中小板上市。

(二)创意产业基金

文化创意产业发展是一项长远的社会工程,单靠个别主体文化产业企业或集团自我投入、自我循环是远远不够的。考虑到文化创意产业资金投入风险较大、回报周期较长、盈利模式尚未确立的特点,应采取成立文化基金的方式。例如在 2014 年 11 月上海文化金融合作座谈会上,上海市正式发布《上海市关于深入推进文化与金融合作的实施意见》,从完善文化金融合作机制、拓展文化金融合作渠道和优化文化金融合作环境三方面着手,提出 16 项具体举措,其中重要的就是设立文化创投风险引导基金,连续 3 年,每年安排 1 亿元,鼓励更多专业化风险投资基金和天使投资基金投资文化小微企业。通过文化创投风险引导基金,264 个项目获得上海市文化创意产业扶持资金 2.9 亿元,市区两级扶持资金总量为 4.1 亿元,撬动社会资金投入 21 亿元。其中,针对民营企业的扶持力度更加突出,民营企业的项目占全部项目总数的 68%,扶持金额占总扶持资金的 62%。宁波作为沿海经济发达地区,学习国内城市的经验,设立文化创意产业基金或者风险投资基金,鼓励投资、允许失败,为宁波市非遗文化创意产业发展提供资金保障。

创意产业基金的好处在于,一方面,可以发挥财政投入的引导性和撬动作用,以解决文化创意产业发展前期的基础性投入需求,缓解"研发""生产"等企业主体的投资压力;另一方面,可以通过打造一个连通创投界、互联网界、文化

---

① 杨静雅.宁波有 10 多家文化企业上市或将在新三板挂牌[EB/OL].(2016-04-17)[2016-06-06].http://biz.zjol.com.cn/system/2016/04/17/021113501.shtml.

产业界互动交流的平台,为宁波市的非遗文化创意产业发展激发创新思维、引进创新人才。因此,宁波市相关政府部门设立文化创意产业发展专项资金,用于引导和支持文化创意产业发展;鼓励符合条件的企业争取国家各类相关专项资金,对获得国家相关专项资金扶持的文化创意项目,专项资金给予配套支持;鼓励市县(区)设立市级文化创意发展专项资金,更好地推动宁波文化创意产业的长效发展。

宁波市注重加强非遗的生产性保护,初步形成政府主导、社会参与、市场运作的良好格局,出台了《宁波市文化产业发展专项资金使用管理办法(试行)》等文件。宁波市财政每年从市产业发展基金中安排 1000 万元,设立文化产业发展专项基金,2010 年至 2012 年以来,已累计对符合政府重点支持方向的非遗产品、服务和项目发放补贴 800 多万元。3 年里,共策划包装非遗产业项目近 40 项,先后在国家文化产业网、义乌文化产业交易博览和深圳文博会上进行推荐。

宁波市还充分发挥民营经济发达、民间资本雄厚的优势,支持宁海东方艺术品有限公司、鄞州中艺雕塑厂、江北慈城冯恒大食品有限公司等知名非遗企业,极大地推动了宁波非遗生产性保护。[①] 宁波市自 2008 年设立文化产业发展专项资金以来,专项资金额度从最初的 1500 万元逐步增加到了 2016 年的 2 亿元,专项资金的支持范围涵盖骨干文化企业培育、推动文化企业上市等六大领域。专项资金的支持方式也灵活多样,有贷款贴息、项目补助、奖励激励等。政府的专项资金调动了民间资本投入文化产业的积极性。2015 年,民和汇通小额贷款有限公司正式改组为宁波市文创小额贷款股份有限公司,注册资本 1 亿元,专门给文化企业提供贷款。

设立文化创意产业发展基金要通过政府出台相关的政策或条例予以保障,初步设想文化产业发展基金规模在 5 亿元左右,设立方式有两种:一是可参考上海 825 新媒体产业基金的运作模式,从市级层面成立文化产业发展的专项基金,由市财政、文广集团、文化局、互联网企业和创业风险基金共同出资,专业化的基金团队运作,体现出主体丰富、产业融合以及文化与创意深度融合的特点,重点投资布局在文化创意产业中的非物质文化产品的内容生产、消费转型及技术支持环节的潜力型、成长型项目。二是由财政、文广、文化局等联合发起设立市文化投资有限责任公司,根据政府授权,对宁波市文化创意

---

① 陈青.宁波市建成开放 50 余家非遗博物馆展示馆[EB/OL].(2012-09-13)[2016-06-06].http://news.cnnb.com.cn/system/2012/09/13/007457026.shtml.

产业的重点项目进行股权投资乃至在全国更大范围内进行文化创意项目的投资兼并。

以青岛为例,2013年青岛市政府出台了《青岛市促进文化创意产业发展若干政策》,要求设立总规模10亿元的青岛市文化创意产业投资基金,对重点领域的文化企业进行股权投资,对中小微文化创意企业提供融资担保服务。鼓励拟上市文化创意企业规范操作,对规范操作过程中正常增加的一次性地方税收给予全额补助。对企业上市前发生的相关费用,按50%比例给予补助,最高不超过300万元。青岛市文化创意产业虽远不及上海、深圳、杭州等城市的产业规模,但其后来居上的产业发展态势还是值得宁波借鉴和学习的。

（三）文化产业园区招商引资

"十三五"乃至更长的时期内,宁波要想继续保持强劲发展势头,必须跳出经济谋划经济,发挥新区区位、空间和生态的优势。宁波杭州湾新区总投资128亿元的中华复兴文化园,不仅是宁波杭州湾新区最大浙商回归项目,也是宁波市最大的浙商回归文化产业项目,通过招商引资补文化产业和现代服务业发展的短板,加快推进产、城、人融合。此外,宁波广利来投资实业有限公司在鄞州投资开发了宁波第一个,也是最大的一个2.5产业集聚基地——创新128产业园(见图6-1)。

创新128产业园总体规划用地700亩,总建筑面积60多万平方米。园区以2.5产业集聚为主要特色,重点引进高新技术、创意研发、现代服务、金融中介、贸易和物流等现代化生产性服务业。2009年以来,建成并运营的"启明园"总占地208亩,由161栋企业用房、3500平方米服务中心、约4万平方米园区人才公寓、近3万平方米的商业配套等组成。[①] 截至2011年7月,启明园已引进了清华长三角研究院、朗生医药、中驰软件、辰森科技、数通信息等企业150多家,其中侨资企业20余家;还包括宁波金银彩绣有限公司、宁波市鄞州乐鼎餐饮有限公司、点睛广告设计有限公司等一批文化创意产业企业。企业经营人员中,留学归国的有40多名。注册资金近14亿元,已累计为当地产生税收近4亿元,有力地带动了宁波创意产业经济的发展。创新128产业园自2008年以来被评为宁波市市级现代服务业产业基地、市级首批八大优势总部基地。

2016年5月25日,在上海国际会议中心举行的"2016上海·宁波周"宁

---

① 康博.宁波鄞州投资创业中心创新128产业园[EB/OL]. (2012-04-16)[2016-06-06] http://finance.ce.cn/subnbbdh/hjdb/201204/16/t20120416_16859843.shtml.

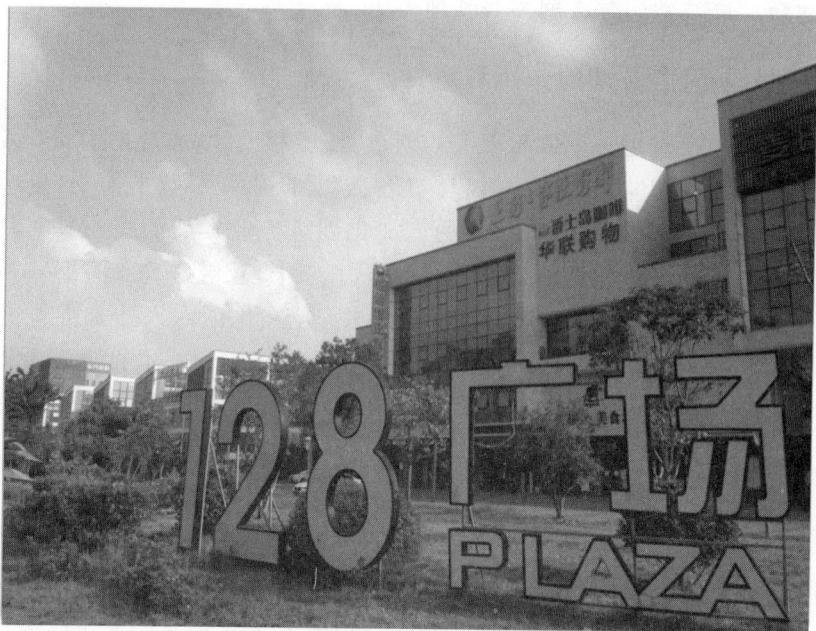

图 6-1　鄞州区创新 128 产业园

波文化创意产业项目推介洽谈会上,宁波文创产业数据让与会人员关注和称赞:2015 年,宁波市文化法人单位机构数 25856 家,实现文化创意产业增加值565.14 亿元,占全市 GDP 的 7.1％,总量在浙江省排名第二,文化制造业总量居浙江省首位。而在推介会关注的背后则是资本的进入,"2016 上海·宁波周"活动期间,多家产业园、基金或是公司等文创产业项目共签约 14 项,意向总金额近 120 亿元。

　　总之,我国创意文化产业的发展正处在一个高速发展的时期,由此对资金的需求量也非常大。但是,从政府财政的角度来讲,我国文化创意产业所投入的资金却非常有限。因此,对宁波市政府以及文化管理部门来说,如何充分发挥政府及相关管理部门在市场中的作用,利用财政资金这个杠杆,从而撬动社会和金融资本,成为当前宁波市文化创意产业发展应该重点解决的一个问题。

第二节　宁波文化创意产业人才发展研究

　　人才是文化创意产业的核心要素,要促进文化创意产业发展壮大,关键要培养一批文化创意专业人才,以及既熟知文化创意和技术创作,又深谙企业经营管理和市场营销的复合型经营管理人才。[①]

一、文化创意人才的作用和意义

文化创意产业是一个依靠个人的创意、技能和天才，通过挖掘和开发智力以创造财富和得到知识产权的过程。"创意"是产生新事物的能力，这些创意必须是独特的、原创的以及有意义的。文化创意产业发展的核心其实就在于人的创造力以及最大限度地发挥人的创造力。因此文化创意产业其本质就是一种人才创意经济，其核心竞争力就是人才。[②] 文化创意人才是促进文化创意产业发展的关键要素，发展文化创意产业的源头在于人才的培养。文化创意产业发展较快的国家和地区的经验表明，人才和科技支撑是文化创意产业起飞的前提条件，也是保证文化创意产业可持续发展的最重要条件。

所谓文化创意产业人才，是指以自主知识产权为核心，以头脑服务为特征，以专业或特殊技能为手段的精英人才。文化创意产业人才主要包括具有原创能力和技术能力的专门人才，如设计、策划人员等；将创意转化为经济价值的人才，即将创意思想商业化的人才；专门研究文化创意产业发展及其规律的人才。[③] 文化创意产业人才主要有两种类型，一种是文化创意人才，主要从事与文化相关的内容创作和设计制作，利用文化资源和个人智能创造产值，这是文化产业价值体系中的核心部分。文化创意人才的关键特征是文化的创新性，就是一种将抽象的文化直接转化为具有高度经济价值的文化产品的能力。另外一种就是文化产业经营管理人才，这类人才对文化产业环境有一定科学的认识和把握，从而制定出文化产业发展的战略，对策划、设计、生产、包装、销售等各个环节进行规划、统筹和运作，并能站在行业的角度审视文化企业的发展方向，及时调整经营策略。同时，这种人才还具备一定的资本运作能力，熟悉经济与金融领域的发展规律，具有较高的文化产业投融资水平。这种人才类型通常具有较强的综合素质，具备将专业知识与其他领域的知识相联系的能力。

人才是第一位的。新思想、新产品、新技术的产生，完全靠人。没有人才，文化创意产业的发展就无从谈起。目前，我国的创意产业人才总量、结构、素

---

① "广东文化创意产业政策研究"课题组.发展壮大文化创意产业政策研究[J].广东经济,2015(2):33-40.

② 叶秀贝.宁波市文化创意产业青年人才发展现状及对策研究[N].今日镇海,2013-09-24(4).

③ 应金萍.宁波创意产业发展与人才培养模式探讨[J].浙江工商职业技术学院学报,2009(3):4.

质还远不能适应产业发展的需要,急需大力引进和培养。不管是高科技产业还是文化创意产业,创新的核心都离不开人才,发展文化创意产业与发挥人才对经济的带动作用是相辅相成的。在当前产业经济时代,文化创意产业是一个区域的软实力,它不仅解决了大学生就业问题,还带来了大量的创意人才,从而带动区域消费,包括房产、交通以及娱乐的消费等。同时,大量创新、技术和高端人才进入以后,又可以改变本地的人口结构和文化素质,提升下一代人口的整体素质,所以有人才的支撑,区域经济和区域产业才有核心的竞争力。

随着文化产业的繁荣发展,宁波市要加强对创意产业人才特别是高端人才、复合型数字艺术人才、营销人才的引进工作,不拘一格选用人才。近些年来,宁波相继出台实施了《创意设计产业三年行动计划(2013—2015)》《关于进一步加快发展文化产业的若干意见》《宁波市工业设计与创意产业"十二五"发展规划》等政策文件,举办了"和丰奖"工业设计大赛、工业设计发包会、工业设计乡镇行等活动;通过企业主体引进,依托宁波市205家规上创意设计企业、8家国家和省级工业中心、28个文化创意产业园区,集聚了近1.5万名创意设计人才。此外,宁波市还成立社会职业培训机构,在宁波市现代服务业公共职业培训平台牵头下,成立文化创意培训中心和文化创意产学研联盟,着重培养和发掘文化产业创业创意人才,每年培训专业人才2000多人次。通过宁波相关政府部门的政策支持和推动,有力促进了文化创意产业人才的引进、培养和开发。

二、文化创意人才的现状

(一)人才结构性短缺和人才流失现象比较突出

宁波创意人才短缺,创意执行人才也比较缺乏,更加缺乏既懂文化又懂市场,知道如何将技术和文化结合变成有价值的商品的复合型人才。根据宁波市人力资源和社会保障局近年发布的人才紧缺指数报告,宁波市创意设计领域人才综合紧缺指数已由2012年的"相当紧缺"下降至2014年的"基本紧缺"。综合紧缺指数的持续下降表明宁波创意设计产业人才的供需矛盾有所缓和,人才短缺主要还是结构性的。从岗位看,调研企业普遍反映,创意设计领域的漫画主笔、设计总监、工业设计师及品牌设计总监等岗位面临着较大的缺口。从层次看,复合型、领军型人才十分缺乏,硕士及以上学历的设计师仅占设计师总数的3%左右,全市高、中级工业设计师占工业设计师总数的比例不到5%。由于宁波创意设计人才发展平台、空间不足,以及高房价、高物价等因素影响,创意设计企业人员流动性大,许多创意设计企业培养的优秀人才流失到上海、杭州、深圳等地。从调研的几个重点企业看,人才流失率约为30％,其中,工作年限在 1 年内的占总数的 66％,1～2 年的占总数的 17％;从离职人员类型看技术岗占总人数的 78％,管理岗占 22％;从离职原因看,发展空间原因占 35％,薪资和工作条件原因占 48％,其他(身体、家庭等)原因占 17％。[①]

(二)文化创意研发团队和人员缺乏

文化创意人才的缺乏,会给新兴产业的就业和利润增长带来极大困扰,同时这也是当前困扰文化产业就业和经济增长的瓶颈。由于缺乏创新型拔尖领军人才,宁波大部分企业没有研发团队,企业的技术人员数量不多、层次不高、实力不强;同时,企业的研发投入也相对不足。调查发现,未来宁波的文化行业队伍将亟须精通外语、善于开拓国际文化市场、熟悉国际文化经营管理业务的国际型人才,具有创新思维、敢于创新的创意专业型技术人才,能够满足新媒体产业的兴起和发展的数字科技文化人才,以及熟悉公共文化运作和管理的文化人才。但目前,宁波本地化潜在研发人员(大学文化产业相关专业、社会工作人员、营销人才)仅为所需人才的 30％左右,熟悉文化产业研发的人员比较少,几乎 70％以上文化产业外包人才需要从全国各地引进。以动漫制作为例,受培养周期和培养能力的限制,高校所培养的学生一时还不能满足游戏公司的需求。很多创意人才专业——广告、设计、艺术、游戏及动漫等专业,培养出来的学生又普遍被企业抱怨"没有创意"。[②]

三、文化创意人才培养策略

(一)完善和落实文化创意产业人才政策

文化产业是新兴的产业,它在起步成长阶段迫切需要政策的扶持、指导和推动。人才是文化产业的核心竞争力,关于人才的政策在鼓励和推动文化产业发展的政策体系中,起到了核心价值的作用。我国在文化创意产业发展上,与发达国家相差很远,起步较晚,在人才政策上必然会出现不少问题,包括与

---

① 宁波市发展研究中心:宁波文化创意产业紧缺人才供需分析及开发对策[EB/OL].(2016-09-28)[2016-12-23]. http://zfxx.ningbo.gov.cn/.

② 叶秀贝.宁波市文化创意产业青年人才发展现状及对策研究[N].今日镇海,2013-09-24(4).

文化产业相关的人才界定问题、人才标准，以及人才从选择到培养体系再到管理的一系列政策导向问题，更重要的是还包括人才政策落实甚至人才立法领域相关研究方面。① 因此，文化产业人才政策的完善是相关政策的基石，是保证文化产业快速发展的核心要素之一。

借鉴和学习省内外城市"海纳百川人才计划"，借用文化产业项目吸引创意人才的柔性流动，使更多的优秀人才为我所用。宁波市要重点培养和引进一批文化创意产业领军人才、高层次文化经营管理人才、文化金融融合的资本型人才、文化科技融合的创新型人才，以及熟悉国际文化产业和贸易规则的外向型人才；同时制定完善相关政策措施，在户籍管理、子女入学入托等方面为文化创意产业高级人才提供保障。

以鄞州区为例，2012—2014 年，该区先后实施"创业鄞州·精英引领计划"、高层次文化人才"百人计划"、区级青年英才培养工程等，其中"百人计划"对引进的支撑型文化人才可给予最高额度 60 万元的一次性补助和每月 5000 元的人才津贴，"青年英才"则在培养期内给予城市文化创意产业人才最高每人 8 万元的培养经费。② 不仅如此，鄞州根据《鄞州区文化创意产业"十二五"发展规划》，创新要素保障机制，建立"人才资源库"、信息数据库，完善创意人才激励机制，对做出突出贡献的集体和个人给予表彰与奖励。随着产业结构升级带动，鄞州区文化创意产业就业总人数以年均 3%～5%速度递增。实际上，宁波市一直在为引进人才做出努力，2011 年，宁波就筹备成立了首期规模 3 亿元的宁波海邦人才基金，相关政府部门批准新建人才中介机构 47 家，市县两级财政人才专项经费达 8 亿元；发放高层次人才购房、安家、交通补贴 2000 余万元，新建人才公寓房 3000 余套，累计 30 余万平方米。

（二）建立健全文化创意产业人才培养机制

当前，我国文化创意产业尚没有形成产业独立的人才自我培养机制和系统，人才来源主要依靠传统产业的人才转移。在文化创意产业人才培养方面，学校教育内容缺乏新意，教学中缺乏实践和动手机会，缺乏真正有创意的师资力量。而企业内部的培训方式比较单一。大力实施紧缺文创人才培训工程，安排专项资金，资助各类机构开展对急需人才的培养计划。加大"产学研"合作教育，学校与科研院所、企业联合培训力度，在宁波高校设立文化创意产业

---

① 郑磊.文化创意产业人才政策的几点思考[J].教育教学论坛,2015(11):77.
② 黄合,黄万军.鄞州打造文创人才"大本营"[N].宁波日报,2014-08-11(3).

相关专业,加大对各层次的文化创意人才的培养力度,优化人才结构和发展环境,形成文化创意产业人才聚焦高地。

实施产学研一体化的教育模式,推进企业、学校和研究机构的合作教育,加快复合型和应用型人才的培养。文化创意产业的文化和商业的双重属性,决定了文创人才的知识积累离不开实务经验,学校教育应与产业生态密切结合,加强与文化企业的需求对接,开展多层次、多类型的专业教育。有针对性地设立与文化创意产业相关的专业学科,在校企之间联合建设文创产业人才培训和实验基地、采用产校挂钩、项目教学等模式,培养与市场接轨的人才。宁波大学、宁波工程学院、浙江万里学院、宁波城市职业技术学院、宁波大红鹰学院等高校都开设了与文化创意相关的专业,每年可培养这一方面的高校毕业生近千名。文化创意产业人才的培养仅仅通过高校的力量是不够的,还需要多种方式、多种途径与社会机构合作,才能培养出具有专业知识、富有创意和设计力以及具有市场意识的文化创意产业人才。

第一,高校与企业合作,通过企业的实践操作使文化创意人才更加专业化。如宁波药材股份有限公司与浙江医药高等专科学校(见图6-2)开展了"校企合作"的尝试,学校连续10多年派学生到公司车间实习。宁波市级非遗代表性传承人张国甫在公司主要负责药店管理、人才培养、业务咨询等事务,而公司的中药材总顾问封岳云则不定期地到学校做中医药文化方面的知识讲座,既普及了中医非遗文化知识,培养了非遗人才,也为他们走向就业岗位提供了现实可能。2010年10月28日,宁波大学科学技术学院成立了产学研中心,产学研中心不仅是课堂,也是学生们的实践平台。几年来,产学研中心已经孵化出了10多家文化创意公司,涵盖会展、影视、动漫、传媒、网游、工业设计、创意设计和广告等10多个门类,产值1500多万元,初步形成文化创意公司集群。这些公司聚集了以专业教师为核心、社会专业人员和优秀毕业学生为骨干、在校学生为辅助的文化创意产业群,形成了在宁波有一定影响力的文化创意人才集聚区。2012年11月15日,宁波大学科学技术学院与宁波市国家大学科技园签订战略合作协议,共建宁波市国家大学科技园创意产业人才培养基地,使其不仅服务地方区域经济发展,而且成为文化创意产业人才培养的成功模式。

第二,与传承基地合作,聘请富有非遗专业知识和传统技艺技巧的传承人和专业人员,更快更精地培养非遗文化创意人才。如2010年,宁波市首批非物质文化遗产教研基地——民间美术教研基地、手工技艺教研基地落户宁波城市职业技术学院。漆器、首饰、玻璃艺术等传统工艺工作坊初具规模。

图 6-2　宁波市鄞州区浙江医药高等专科学校

第三,"三位一体"非遗保护模式的成功实施。2008 年以来,宁波率先创新性地把项目、传承人和传承基地三者纳入非遗保护整体,使"三位一体"保护模式成为全国有名的非遗保护运作管理新模式。例如,实施"三位一体"保护措施后,宁波的老字号企业——冯恒大年糕厂成为了慈城传统年糕制作技艺的传承基地,掌握独特工艺水平的谢大本作为代表性传承人,将传统年糕的工艺流程作为基本生产要素,使生产工人在学习传统年糕制作技艺的同时,也成为非遗技艺传承人的继承者,原来不足 10 人的手工技艺传承人队伍壮大到200 余人。①

(三)建立文化创意人才的综合培养体系

文化创意产业行业与其他行业一个明显的不同在于,其需要有文化有技术、懂创意、有市场观念的人才。这一行业在未来的市场发展中是"融合与跨界",不仅需要融合策划、设计和创意,而且还要跨界文化、经济和管理等学科。因此,在"融合与跨界"发展中,需要培养大量有综合文化素质、专业技能和创造能力的复合型人才。文化创意人才培养既要注重纵向的结合,也要关注横向的"融合与跨界"。目前,我国文化创意人才培养依然和市场需求脱节,人才培养方式不符合文化创意人才特点。文化创意走向市场,形成产学研相结合

---

① 费伊."三位一体":非遗保护的宁波模式[N].中国文化报,2011-12-21(4).

的培养模式,这是文化创意人才培养不可或缺的要素,复合型和应用型人才的培养至关重要。理查德·弗罗里达在《创意阶层的崛起》一书中认为,创意阶层的核心由来自"从事科学和工程学、建筑与设计、教育、艺术、音乐和娱乐的人们"构成,除了这个核心,创意阶层还包括"更广泛的群体,即在商业和金融、法律、保健,以及相关领域的创造性专业人才。这些人从事复杂问题的解决,而这包括许多独立的判断,需要高水平的教育和技能资本"。由此可知,文化创意产业人才将是跨越知识、行业和领域的,只有综合的文化市场培养体系才能造就这样的人才。

文化创意产业发展的关键在人,所以还应打破传统体制思维惯性,积极探索市场经济融合条件下吸引人才、留住人才、用好人才的有效途径。通过高层次人才和领军人物的引进和培养,可以带动一批文化创意产业人才的出现。这种培养机制具有辐射、放大和示范作用,使高层次文化产业人才的培养团队化、本土化和个性化。宁波市有关部门应将培训资源向文化创意产业领域予以适度倾斜,重点强化相应人才的培训,引导现有人才技能结构从传统内容生产为主向兼具一流文化素质和现代创意设计技能的跨界人才转换,尽快培养一支集专业知识、设计、创意、加工制作、管理于一体的复合型文化创意产业人才队伍。

(四)多举措引进和培养文化创意产业人才

第一,在全社会营造大力支持文创产业的氛围,联合企业和社会力量举办各种创意论坛、展览和博览会,吸引一批在海外从事创意产业的优秀人才,拓展海外文化市场,加强宁波市文创产业国际竞争力。开设文化创意产业人才市场或定期举办专场招聘会,吸收、储备国内知名高校文化创意产业人才。进一步办好宁波世界创新工业展、全球工业设计大奖赛、"和丰奖"工业设计大赛等活动,在高层次人才洽谈会、高校毕业生就业洽谈会、留学生归国创新创业项目洽谈会、"才富·宁波"中高级人才洽谈会等活动中开设人才引进专场活动。

第二,制定文化创意产业人才创新创业扶持政策,推动设立一批文化创意类产业基金,引导金融机构开发适合创意设计人才创业需求的综合金融产品和特色金融服务。在资金方面,应鼓励文化创意产业园区、文化企业和公司等培育自我造血功能,返还企业或公司按照利润交纳的5%国有资产收益金,用于推动文化企业的扩大发展。

第三,建立人才评估激励机制。创新文化创意产业人才分配和激励机制,完善年薪制、期权股权、岗位绩效等薪酬管理办法,建立鼓励知识、技术、管理、技能等生产要素按贡献参与分配的产权激励制度。人才激励可运用目标激励、示范激励、荣誉激励、物质激励等,特别是对本土文化创意产业人员的培养和宣传力度要加大,培养一批宁波文化界的名人,形成社会的"明星效应",不仅激励文化产业界从业人员,也带动一批学生、行业人员和技术人员热衷于从事文化创意产业行业,形成文化创意产业人力资源流。

第四,探索建立人才服务联盟平台,发挥行业协会和研究机构的作用。如2013 年 6 月 16 日成立的宁波文化创意产学研联盟,囊括了宁波市印刷包装、平面设计、动漫游戏、影视制作、文化传媒、博物馆等相关行业的协会、企业、院校、科研机构等百余家单位。该联盟基于发挥人才开发和产业促进两大主要职能,重在培养和发掘文化创意产业人才,发挥艺术院校和设计行业的创意设计资源和人力资源优势,搭建平台联合各行业协会互相协同创新,高效地整合各种资源,发掘区域特色文化资源,更好地利用文化资源传承文化,形成跨区域、跨行业的文化品牌,推动特色文化产业发展,提升地区经济发展的竞争力。

参考文献

一、专著

[1] 金元浦.文化复兴——传统文化的现代价值[M].北京:中国人民大学出版社,2014.

[2] 王淼.风生水起:浙江省非物质文化遗产保护的生动实践[M].杭州:浙江大学出版社,2012.

[3] 汪广松.非物质文化遗产的创意价值[M].北京:中国社会科学出版社,2015.

[4] 汪志铭.甬上风物——宁波市非物质文化遗产田野调查系列(丛书)[M].宁波:宁波出版社,2008.

[5] 孙福良,创意产业基础理论研究[M].上海:学林出版社,2014.

[6] 厉无畏,等.创意产业:转变经济发展方式的策动力[M].上海:上海社会科学出版社,2008.

[7] 顾江.文化产业经济学[M].南京:南京大学出版社,2007.

[8] 胡惠林,王婧.2014中国文化产业发展指数报告(CCIDI)[M].上海:上海人民出版社,2014.

[9] 马达.青岛文化创意产业发展报告(2012)[M].北京:社会科学文献出版社,2012.

[10] 王文章.非物质文化遗产概证[M].北京:教育科学出版社,2008.

[11] 黄志明.宁波文化产业发展报告(2014)[M].杭州:浙江大学出版社,2014.

[12] 牟延林,谭宏,刘壮.非物质文化遗产概论[M].北京:北京师范大学出版社,2010.

［13］韩骏伟,姜东旭.区域文化产业［M］.广州:中山大学出版社,2011.

［14］刘世锦.中国文化遗产事业发展报告(2012)［M］.北京:社会科学文献出版社,2012.

［15］秦剑,夏聃.文化产业创意与策划［M］.北京:中国传媒大学出版社,2015.

［16］李宇红,赵晶媛.文化创意的人文理论和产业研究［M］.北京:中国物资出版社,2010.

［17］姚伟钧.从文化资源到文化产业［M］.武汉:华中师范大学出版社,2012.

［18］王巨山.非物质文化遗产概论［M］.北京:学苑出版社,2012.

［19］白慧颖.知识经济与视觉文化视野下的非物质文化遗产保护与开发［M］.北京:北京理工大学出版社,2012.

［20］王文革.文化创意十五讲［M］.北京:中国传媒大学出版社,2013.

［21］张京成.中国创意产业发展报告［M］.北京:中国经济出版社,2013.

［22］陈建宪.民俗文化与创意产业［M］.武汉:华中师范大学出版社,2012.

［23］陈放,武力.创意学［M］.北京:金城出版社,2007.

［24］高小康.都市发展与非物质文化遗产传承［M］.北京:北京大学出版社,2009.

［25］龚小凡.创意、时尚与设计:北京文化创意产业小型个案考察［M］.北京:北京大学出版社,2012.

［26］杨永忠.创意产业经济学［M］.福州:福建人民出版社,2009.

［27］刘锡诚.非物质文化遗产理论与实践［M］.北京:学苑出版社,2009.

［28］王松华.非物质文化遗产保护与开发的经济学研究［M］.成都:西南财经大学出版社,2009.

［29］苑利,顾军.非物质文化遗产学［M］.北京:高等教育出版社,2009.

［30］陈慧颖,陈本昌.文化创意产业发展的经济学研究［M］.北京:经济科学出版社,2012.

［31］刘慧群.民间非物质文化的大学传承［M］.成都:西南交通大学出版社,2010.

［32］单霁翔.文化遗产(思行文丛)［M］.天津:天津大学出版社,2012.

［33］张仲谋.非物质文化遗产传承研究［M］.北京:文化艺术出版社,2010.

[34] 阮艳萍.传递与共享——文化遗产数字传承者[M].北京:中国书籍出版社,2013.

[35] 陈华文.非物质文化遗产:学者与政府的共同舞台[M].杭州:浙江工商大学出版社,2014.

[36] 陈万怀.浙江海洋文化产业发展概论[M].杭州:浙江大学出版社,2012.

[37] 何华湘.非物质文化遗产的传播研究[M].北京:中国书籍出版社,2013.

[38] 理查德·E.凯夫斯.创意产业经济学——艺术的商业之道[M].孙绯,等,译.北京:新华出版社,2004.

[39] 约翰·霍金斯.创意经济:如何点石成金[M].洪庆福,孙薇薇,刘茂玲,译.上海:上海三联书店,2006.

[40] 理查德·弗罗里达.创意经济[M].方海萍,魏清江,译.北京:中国人民大学出版社,2006.

[41] 翁昌寿.文化竞合:华语文化创意产业特色与路径[M].北京:北京大学出版社,2013.

二、报刊、论文

[1] 周光毅.中国文化创意产业的发展现状与问题研究[J].艺术百家,2015(3).

[2] 陈庆德.文化产品的分类分析[J].江海学刊,2007(3).

[3] 仇景万.英国创意产业对我国创新驱动发展战略的启示[J].现代管理科学,2016(5).

[4] 应晓清.大力发展文化创意产业、提升宁波城市竞争力[J].浙江工商职业技术学院学报,2013(2).

[5] 王安正,成娟.我国发展创意产业的条件及策略[J].商业时代,2007(4).

[6] 郑彦松,高长春.发展文化创意产业提升城市竞争力[J].现代商业,2014(16).

[7] 司晴川.文化创意产业在美国发展的路径及经验[J].学习月刊,2014(8).

[8] 缪学为.英国创意产业发展的经验与启示[J].人文天下,2015(21).

[9] 闫凌燕,吴萌.德国文化创意产业对天津滨海新区发展的启示[J].环

渤海经济瞭望,2013(8).

[10] 胡珊.日本文化创意产业的发展经验与启示[J].时代经贸,2008
(S6).

[11] 王青青,王瞻.新常态下文化创意产业发展新路径探索——以杭州
西溪为例[J].环球市场信息导报,2016(2).

[12] 王欣,王勇森.创意城市蓝皮书——青岛文化创意产业发展报告
(2012)[J].走向世界,2013(3).

[13] 潘冬青,樊丽淑.宁波文化创意产业集聚发展现状的调研[J].经济
导刊,2012(3).

[14] 刘婷,张真柱.宁波文化创意产业发展对策研究[J].宁波通讯,2011
(11).

[15] 王松华,廖嵘.产业化视角下的非物质文化遗产保护[J].同济大学
学报(社会科学版),2008(1).

[16] 尹凌,余风.从传承人到继承人——非物质文化遗产保护的创新思
维[J].江西社会科学,2008(12).

[17] 黄光胜.浅议中职艺校在"非遗"进课堂中的推进作用[J].戏剧之
家,2009(4).

[18] 吴波.非物质文化遗产类图书出版的地方模式[J].出版广角,2012
(4).

[19] 王亚娟.非物质文化遗产与创意产业的典型对接[J].理论与改革,
2013(5).

[20] 刘馨.非物质文化遗产传承基地建设的探索[J].安顺学院学报,2011
(6).

[21] 丁芸,周娟娟.促进文化创意产业发展的政策体系构建[J].公共经
济与政策研究,2014(1).

[22] "广东文化创意产业政策研究"课题组.发展壮大文化创意产业政策
研究[J].广东经济,2015(2).

[23] 郑磊.文化创意产业人才政策的几点思考[J].教育教学论坛,2015
(11).

[24] 应金萍.宁波创意产业发展与人才培养模式探讨[J].浙江工商职业
技术学院学报,2009(3).

[25] 王国安.宁波非物质文化遗产保护与文化产业开发[J].中共宁波市
委党校学报,2012(1).

[26] 廖佰翠,伍鹏.宁波非物质文化遗产的保护与旅游开发研究[J].商场现代化,2009(18).

[27] 伍鹏.非物质文化遗产保护与旅游业发展互动初探——以宁波市为例[J].特区经济,2008(4).

[28] 周维琼,章平.非物质文化遗产保护与旅游开发良性互动探究——以宁波梁祝文化公园为例[J].旅游纵览,2014(1).

[29] 王巧玲.宁波金银彩绣商品旅游开发与创新[J].宁波教育学院学报,2009(5).

[30] 王巧玲.宁波金银彩绣工艺的旅游开发[J].浙江万里学院学报,2009(4).

[31] 陈立萍.宁波金银彩绣民间艺术的传承与创新研究[J].包装世界,2015(2).

[32] 李晨曦.锦绣之都——中国(宁波)非物质文化遗产创意产业园策划方案[D].杭州:浙江大学,2013.

[33] 徐炯.杭州文化创意产业发展分析及创意产业园区建设策略[D].杭州:浙江工业大学,2015.

[34] 于杨.我国礼仪文化产业问题研究[D].北京:中央民族大学,2009.

[35] 方李莉.本土性的现代化如何实践——以景德镇传统陶瓷手工技艺传承的研究为例[J].南京艺术学院学报,2008(6).

[36] 梁远.现代社会中的传统手工艺[J].美术观察,2004(6).

[37] 方李莉.传统手工的现代价值[J].中华手工,2004(6).

[38] 陈万怀.“文化+”:宁波非物质文化遗产创意产业化路径探究[J].宁波经济(三江论坛),2016(1).

[39] 陈万怀.宁波海洋休闲文化主导产业的选择[J].宁波经济(三江论坛),2013(3).

[40] 蔡尚伟.城市物质与(文化)创意产业路线选择[J].中国文化产业评论,2007(2).

[41] 杨和平,葛兆远.奉化吹打路在何方[N].光明日报,2014-10-18.

[42] 汤丹文,周燕波.宁波文化产业助力城市经济转型升级[N].宁波日报,2014-06-06.

[43] 王京生.文化+:新形势下文化产业发展的战略选择[N].中国文化报,2015-08-15.

[44] 朱子庆.文化产业化应有度、政府支持不应变包办[N].羊城晚报,

2013-10-30.

[45] 联文.德国:针对性政策为文化创意产业护航[N].中国文化报,2016-07-18.

[46] 王晓雨.青岛设立文化创意产业投资基金[N].青岛晚报,2015-07-02

[47] 周燕波、汤丹文.宁波市文化产业加速融入经济新常态[N].宁波日报,2016-03-11.

[48] 宁波市委宣传部.宁波"文博会"迸发"创意+"[N].浙江日报,2016-04-13.

[49] 陈清.加大力度支持非遗生产性保护[N].中国文化报,2015-09-10.

[50] 林海,陈云松.非遗的生产性保护——路在脚下[N].宁波日报,2015-10-29.

[51] 陈青.宁波文化产业走上跨越式发展之路[N].宁波日报,2013-12-03.

[52] 杨静雅.去年宁波文化产业实现增加值339.39亿元,同比增长10.1%[N].宁波日报,2015-05-26.

[53] 毛俊玉.文化与金融对接出现新气象[N].中国文化报,2014-06-28

[54] 朱军备.非物质文化遗产离我们有多远?[N].宁波日报,2010-01-29.

[55] 陈朝霞.非遗进校园:活体传承的创举[N].宁波日报,2013-03-28.

[56] 陈朝霞.文化创意产业发展的宁波亮点[N].宁波日报,2011-04-29.

[57] 韩成艳,张青仁.非物质文化遗产整体保护的宁波实践[N].中国文化报,2016-04-15.

[58] 费伊."三位一体":非遗保护的宁波模式[N].中国文化报,2011-12-21.

[59] 郑丽敏.中国·象山竹根雕艺术创作和产业发展论坛摘要[N].今日象山,2016-01-13.

[60] 张落雁,孙辉.象山竹根雕[N].东南商报,2010-11-14.

[61] 张寅,郑丽敏.象山一古船坊造出万艘古船模,成为石浦一道风景[N].宁波晚报,2014-02-20.

[62] 韩秉志.创意绘制文化"旅"图[N].经济日报,2014-04-03.

[63] 黄合,黄万军.鄞州打造文创人才"大本营"[N].宁波日报,2014-08-11.

[64]叶秀贝.宁波市文化创意产业青年人才发展现状及对策研究[N].今日镇海,2013-09-24.

[65]项一嶔.上林湖畔千年窑火重燃涅槃梦[N].宁波日报,2015-11-11.

[66]李月红.全球唯一"人类非遗"陶瓷项目　龙泉人守护青瓷千年魂[N].浙江日报,2016-08-19.

[67]吴海霞.邱隘咸齑的前世今生[N].鄞州日报,2013-10-01.

[68]高小康.发现民间艺术独立于经典艺术的美学价值[N].中国艺术报,2017-3-22.

[69]苑利、顾军.传统审美价值是遴选"非遗"的重要尺度[N].中国社会科学报,2011-10-21.

[70]席格.非物质文化遗产的文化审美[N].中国社会科学报,2015-05-11.

[71]吴俊琦.许敏丽.世博"宁波特别日"精彩上演[N].宁波日报,2010-08-02.

[72]李宇辉.宁波朱金漆木雕文化产业定位探索[N].赤峰学院学报,2014(5).

[73]张寅,郑丽敏.象山一古船坊造出万艘古船模,成为石浦一道风景[N].宁波晚报,2014-02-20.

[74]吕绍刚.文化产业:新的增长点[N].人民日报,2017-05-12.

[75]俞永均.宁波蔺草自主品牌闯入美国市场[N].鄞州日报,2009-03-22.

三、电子文献

[1] 贝恩德·费瑟尔,迈克尔·松德尔曼.德国:文化和创意产业发展报告[EB/OL].(2012-08-09)[2016-06-06].http://wzb.mof.gov.cn/pdlb/tszs/201208/t20120809_674364.html.

[2] 北京市文化创意产业功能区建设发展规划(2014—2020年)[EB/OL].(2014-05-26)[2016-06-06].http://zhengwu.beijing.gov.cn/ghxx/qtgh/t1358290.htm.

[3] 2014年上海文化产业发展报告[EB/OL].(2015-07-28)[2016-06-06].http://shcci.eastday.com/c/20150128/u1ai8558349.html.

[4] 林宗宁.厦门市文化创意产业发展现状和转型升级对策[EB/OL].(2015-11-05)[2016-06-06].http://fj.people.com.cn/n/2015/1105/c370304-

27024060. html.

[5] 中华人民共和国国家统计局. 文化及相关产业分类(2012)[EB/OL]. (2012-07-31)[2016-06-06]. http://www. stats. gov. cn/tjsj/tjbz/201207/ t20120731-8672. html.

[6] 陈青. 宁波多个文化产业门类全国领先,走上跨越式发展之路[EB/ OL]. (2013-12-03)[2016-06-06]. http://news. cnnb. com. cn/system/2013/ 12/03/007921281_02. shtml.

[7] 钟群. 推广文化创意产业 北京将建文创产业园区[EB/OL]. (2015-04-20)[2016-06-06]. http://news. xinhuanet. com/local/2015-04/20/c_ 1115030801. htm.

[8] 张灿毅. 访金银彩绣传承人裘群珠:把非遗融入百姓生活[EB/OL]. (2015-12-30)[2016-06-06]. http://www. nbtv. cn/new/report/focus/2015-12-30/2015123010277059. html.

[9] 王路. 宁波市首批非物质文化遗产博物馆"新鲜出炉"[EB/OL]. (2010-06-10)[2016-06-06]. http://www. cnnb. com. cn.

[10] 中国工艺美术品市场现状调研与发展前景分析报告[EB/OL]. (2016-01-14)[2016-12-23]. http://www. cir. cn/R_JiaDianJiaJu/92/ GongYiMeiShuPinShiChangQianJingFenXiYuCe. html.

[11] 2012年中国工艺品行业发展影响因素分析[EB/OL]. (2013-02-20)[2016-12-23]. http://www. askci. com/news/201302/20/92740_83. Shtml.

[12] 梅薇. 两代人传承着越窑青瓷烧制工艺[EB/OL]. (2011-11-28)[2016-06-06]. http://news. cnnb. com. cn/system/2011/11/28/007160437. shtml.

[13] 慈溪,言说青瓷脉脉传承[EB/OL]. (2010-07-14)[2016-06-06]. http://cxnews. cnnb. com. cn/system/2010/07/14/010795173. shtml.

[14] 三北丹山. 宁波草编风华之二十三[EB/OL]. (2014-08-09)[2016-06-06]. http://wenxue. wap. hongxiu. com/5036037_13. html.

[15] 慈溪市杭州湾工艺草编厂[EB/OL]. (2000-04-07)[2016-06-06]. http://cixi023610. 11467. com/.

[16] 传承草帽编织技艺 持续传播慈溪文化[EB/OL]. (2014-12-24)[2016-06-06]. http://www. cixi. gov. cn/art/2014/12/24/art_14804_1167193. html.

[17] 黄古林草编:一草荣千年[EB/OL]. (2012-07-31)[2016-06-06].

http://www.gotoningbo.com/zx/yznb/nbfs/201207/t73442.htm.

[18] 车柯蒙.一草荣千年 黄古林手编草席将失传? [EB/OL]. (2014-09-09) [2016-06-06]. http://news.cnnb.com.cn/system/2014/09/09/008157336.shtml.

[19] 陈朝霞,徐建成.全国首例草编博物馆——馆产融合的鄞州黄古林草编博物馆[EB/OL]. (2012-10-30) [2016-06-06]. http://news.cnnb.com.cn/system/2012/10/30/007509506.shtml.

[20] 彩船制作技艺[EB/OL]. (2010-08-07) [2016-06-06]. http://www.zjfeiyi.cn/xiangmu_jb/detail/26-763.html.

[21] 海南贝壳工艺品简介[EB/OL]. (2006-09-09) [2016-06-06]. http://www.lvyou114.com/changshi/2/2922.html.

[22] 杨静雅.宁波有10多家文化企业上市或将在新三板挂牌[EB/OL]. (2016-04-17) [2016-06-06]. http://biz.zjol.com.cn/system/2016/04/17/021113501.shtml.

[23] 陈青.宁波市建成开放50余家非遗博物馆展示馆[EB/OL]. (2012-09-13) [2016-06-06]. http://news.cnnb.com.cn/system/2012/09/13/007457026.shtml.

[24]宁波市发展研究中心.宁波文化创意产业紧缺人才供需分析及开发对策[EB/OL]. (2016-09-28) [2016-12-23]. http://zfxx.ningbo.gov.cn/.

[25] 周韵健,严洁.前童古镇旅游业蓄势"起跳"[EB/OL]. (2016-05-18) [2016-06-06]. http://nh.cnnb.com.cn/system/2016/05/18/011398580.shtml.

[26] 费琛琛.产业创新在鄞州:"无烟工业"东风浩荡征帆满[EB/OL]. (2016-04-22) [2016-06-06]. http://yz.cnnb.com.cn/system/2016/04/22/011386695.shtml.

[27] 陈科峰.鄞州区雪菜博物馆开馆[EB/OL]. (2013-09-27) [2016-06-06]. http://www.zjfeiyi.cn/news/detail/31-4251.html.

[28] 郑黎,冯源.宁波民和影视动画公司——用综合手段塑造经久不衰的"阿凡提"品牌[EB/OL]. (2015-05-17) [2016-06-06]. http://news.xinhuanet.com/society/2012-05/17/c_111976218.htm.

[29] 康博.宁波鄞州投资创业中心创新128产业园[EB/OL]. (2012-04-16) [2016-06-06]. http://finance.ce.cn/sub/2012/nbbdh/hjdb/201204/16/t20120416_16859843.shtml.

［30］李峥莹.《明秀·大航海》——甬城扬帆启程［EB/OL］.（2014-12-23）［2016-06-06］. http://nb. ifeng. com/nbxw/detail_2014_12/23/3325967_0. shtml.

［31］象山概览［EB/OL］.（2012-12-22）［2016-06-06］. http://www. xiang shen. gov. cn/col/colq//inden. htnl.

［32］陈怡. 揭秘宁波万工轿:费时三年,不用一枚铁钉［EB/OL］.（2015-09-06）［2016-06-06］. http://zj. people. com. cn/n/2015/0906/c228592—26258004. html.

［33］宁波市统计局.2014 年宁波市国民经济和和社会发展统计公报［EB/OL］.（2015-02-10）［2016-06-06］. http://tjj. ningbo. gov. cn/read/20150210/28503. aspx.

［34］宁波市文广新局. 宁波市象山县石浦镇系住"乡愁"打造海洋渔文化特色小镇［EB/OL］.（2015-03-24）［2016-06-06］. http://www. zjcnt. com/content/2015/03/24/247716. htm.

附　录

中华人民共和国非物质文化遗产法

第一章　总　则

第一条　为了继承和弘扬中华民族优秀传统文化，促进社会主义精神文明建设，加强非物质文化遗产保护、保存工作，制定本法。

第二条　本法所称非物质文化遗产，是指各族人民世代相传并视为其文化遗产组成部分的各种传统文化表现形式，以及与传统文化表现形式相关的实物和场所。包括：

（一）传统口头文学以及作为其载体的语言；

（二）传统美术、书法、音乐、舞蹈、戏剧、曲艺和杂技；

（三）传统技艺、医药和历法；

（四）传统礼仪、节庆等民俗；

（五）传统体育和游艺；

（六）其他非物质文化遗产。

属于非物质文化遗产组成部分的实物和场所，凡属文物的，适用《中华人民共和国文物保护法》的有关规定。

第三条　国家对非物质文化遗产采取认定、记录、建档等措施予以保存，对体现中华民族优秀传统文化，具有历史、文学、艺术、科学价值的非物质文化遗产采取传承、传播等措施予以保护。

第四条　保护非物质文化遗产，应当注重其真实性、整体性和传承性，有利于增强中华民族的文化认同，有利于维护国家统一和民族团结，有利于促进社会和谐和可持续发展。

第五条　使用非物质文化遗产，应当尊重其形式和内涵。

禁止以歪曲、贬损等方式使用非物质文化遗产。

第六条　县级以上人民政府应当将非物质文化遗产保护、保存工作纳入本级国民经济和社会发展规划，并将保护、保存经费列入本级财政预算。

国家扶持民族地区、边远地区、贫困地区的非物质文化遗产保护、保存工作。

第七条　国务院文化主管部门负责全国非物质文化遗产的保护、保存工作;县级以上地方人民政府文化主管部门负责本行政区域内非物质文化遗产的保护、保存工作。

县级以上人民政府其他有关部门在各自职责范围内,负责有关非物质文化遗产的保护、保存工作。

第八条　县级以上人民政府应当加强对非物质文化遗产保护工作的宣传,提高全社会保护非物质文化遗产的意识。

第九条　国家鼓励和支持公民、法人和其他组织参与非物质文化遗产保护工作。

第十条　对在非物质文化遗产保护工作中做出显著贡献的组织和个人,按照国家有关规定予以表彰、奖励。

第二章　非物质文化遗产的调查

第十一条　县级以上人民政府根据非物质文化遗产保护、保存工作需要,组织非物质文化遗产调查。非物质文化遗产调查由文化主管部门负责进行。

县级以上人民政府其他有关部门可以对其工作领域内的非物质文化遗产进行调查。

第十二条　文化主管部门和其他有关部门进行非物质文化遗产调查,应当对非物质文化遗产予以认定、记录、建档,建立健全调查信息共享机制。

文化主管部门和其他有关部门进行非物质文化遗产调查,应当收集属于非物质文化遗产组成部分的代表性实物,整理调查工作中取得的资料,并妥善保存,防止损毁、流失。其他有关部门取得的实物图片、资料复制件,应当汇交给同级文化主管部门。

第十三条　文化主管部门应当全面了解非物质文化遗产有关情况,建立非物质文化遗产档案及相关数据库。除依法应当保密的外,非物质文化遗产档案及相关数据信息应当公开,便于公众查阅。

第十四条　公民、法人和其他组织可以依法进行非物质文化遗产调查。

第十五条　境外组织或者个人在中华人民共和国境内进行非物质文化遗产调查,应当报经省、自治区、直辖市人民政府文化主管部门批准;调查在两个以上省、自治区、直辖市行政区域进行的,应当报经国务院文化主管部门批准;调查结束后,应当向批准调查的文化主管部门提交调查报告和调查中取得的实物图片、资料复制件。

境外组织在中华人民共和国境内进行非物质文化遗产调查,应当与境内非物质文化遗产学术研究机构合作进行。

第十六条 进行非物质文化遗产调查,应当征得调查对象的同意,尊重其风俗习惯,不得损害其合法权益。

第十七条 对通过调查或者其他途径发现的濒临消失的非物质文化遗产项目,县级人民政府文化主管部门应当立即予以记录并收集有关实物,或者采取其他抢救性保存措施;对需要传承的,应当采取有效措施支持传承。

第三章 非物质文化遗产代表性项目名录

第十八条 国务院建立国家级非物质文化遗产代表性项目名录,将体现中华民族优秀传统文化,具有重大历史、文学、艺术、科学价值的非物质文化遗产项目列入名录予以保护。

省、自治区、直辖市人民政府建立地方非物质文化遗产代表性项目名录,将本行政区域内体现中华民族优秀传统文化,具有历史、文学、艺术、科学价值的非物质文化遗产项目列入名录予以保护。

第十九条 省、自治区、直辖市人民政府可以从本省、自治区、直辖市非物质文化遗产代表性项目名录中向国务院文化主管部门推荐列入国家级非物质文化遗产代表性项目名录的项目。推荐时应当提交下列材料:

(一)项目介绍,包括项目的名称、历史、现状和价值;

(二)传承情况介绍,包括传承范围、传承谱系、传承人的技艺水平、传承活动的社会影响;

(三)保护要求,包括保护应当达到的目标和应当采取的措施、步骤、管理制度;

(四)有助于说明项目的视听资料等材料。

第二十条 公民、法人和其他组织认为某项非物质文化遗产体现中华民族优秀传统文化,具有重大历史、文学、艺术、科学价值的,可以向省、自治区、直辖市人民政府或者国务院文化主管部门提出列入国家级非物质文化遗产代表性项目名录的建议。

第二十一条 相同的非物质文化遗产项目,其形式和内涵在两个以上地区均保持完整的,可以同时列入国家级非物质文化遗产代表性项目名录。

第二十二条 国务院文化主管部门应当组织专家评审小组和专家评审委员会,对推荐或者建议列入国家级非物质文化遗产代表性项目名录的非物质文化遗产项目进行初评和审议。

初评意见应当经专家评审小组成员过半数通过。专家评审委员会对初评意见进行审议,提出审议意见。

评审工作应当遵循公开、公平、公正的原则。

第二十三条　国务院文化主管部门应当将拟列入国家级非物质文化遗产代表性项目名录的项目予以公示,征求公众意见。公示时间不得少于二十日。

第二十四条　国务院文化主管部门根据专家评审委员会的审议意见和公示结果,拟订国家级非物质文化遗产代表性项目名录,报国务院批准、公布。

第二十五条　国务院文化主管部门应当组织制定保护规划,对国家级非物质文化遗产代表性项目予以保护。

省、自治区、直辖市人民政府文化主管部门应当组织制定保护规划,对本级人民政府批准公布的地方非物质文化遗产代表性项目予以保护。

制定非物质文化遗产代表性项目保护规划,应当对濒临消失的非物质文化遗产代表性项目予以重点保护。

第二十六条　对非物质文化遗产代表性项目集中、特色鲜明、形式和内涵保持完整的特定区域,当地文化主管部门可以制定专项保护规划,报经本级人民政府批准后,实行区域性整体保护。确定对非物质文化遗产实行区域性整体保护,应当尊重当地居民的意愿,并保护属于非物质文化遗产组成部分的实物和场所,避免遭受破坏。

实行区域性整体保护涉及非物质文化遗产集中地村镇或者街区空间规划的,应当由当地城乡规划主管部门依据相关法规制定专项保护规划。

第二十七条　国务院文化主管部门和省、自治区、直辖市人民政府文化主管部门应当对非物质文化遗产代表性项目保护规划的实施情况进行监督检查;发现保护规划未能有效实施的,应当及时纠正、处理。

第四章　非物质文化遗产的传承与传播

第二十八条　国家鼓励和支持开展非物质文化遗产代表性项目的传承、传播。

第二十九条　国务院文化主管部门和省、自治区、直辖市人民政府文化主管部门对本级人民政府批准公布的非物质文化遗产代表性项目,可以认定代表性传承人。

非物质文化遗产代表性项目的代表性传承人应当符合下列条件:

(一)熟练掌握其传承的非物质文化遗产;

(二)在特定领域内具有代表性,并在一定区域内具有较大影响;

（三）积极开展传承活动。

认定非物质文化遗产代表性项目的代表性传承人，应当参照执行本法有关非物质文化遗产代表性项目评审的规定，并将所认定的代表性传承人名单予以公布。

第三十条　县级以上人民政府文化主管部门根据需要，采取下列措施，支持非物质文化遗产代表性项目的代表性传承人开展传承、传播活动：

（一）提供必要的传承场所；

（二）提供必要的经费资助其开展授徒、传艺、交流等活动；

（三）支持其参与社会公益性活动；

（四）支持其开展传承、传播活动的其他措施。

第三十一条　非物质文化遗产代表性项目的代表性传承人应当履行下列义务：

（一）开展传承活动，培养后继人才；

（二）妥善保存相关的实物、资料；

（三）配合文化主管部门和其他有关部门进行非物质文化遗产调查；

（四）参与非物质文化遗产公益性宣传。

非物质文化遗产代表性项目的代表性传承人无正当理由不履行前款规定义务的，文化主管部门可以取消其代表性传承人资格，重新认定该项目的代表性传承人；丧失传承能力的，文化主管部门可以重新认定该项目的代表性传承人。

第三十二条　县级以上人民政府应当结合实际情况，采取有效措施，组织文化主管部门和其他有关部门宣传、展示非物质文化遗产代表性项目。

第三十三条　国家鼓励开展与非物质文化遗产有关的科学技术研究和非物质文化遗产保护、保存方法研究，鼓励开展非物质文化遗产的记录和非物质文化遗产代表性项目的整理、出版等活动。

第三十四条　学校应当按照国务院教育主管部门的规定，开展相关的非物质文化遗产教育。

新闻媒体应当开展非物质文化遗产代表性项目的宣传，普及非物质文化遗产知识。

第三十五条　图书馆、文化馆、博物馆、科技馆等公共文化机构和非物质文化遗产学术研究机构、保护机构以及利用财政性资金举办的文艺表演团体、演出场所经营单位等，应当根据各自业务范围，开展非物质文化遗产的整理、研究、学术交流和非物质文化遗产代表性项目的宣传、展示。

第三十六条　国家鼓励和支持公民、法人和其他组织依法设立非物质文化遗产展示场所和传承场所,展示和传承非物质文化遗产代表性项目。

第三十七条 国家鼓励和支持发挥非物质文化遗产资源的特殊优势,在有效保护的基础上,合理利用非物质文化遗产代表性项目开发具有地方、民族特色和市场潜力的文化产品和文化服务。

开发利用非物质文化遗产代表性项目的,应当支持代表性传承人开展传承活动,保护属于该项目组成部分的实物和场所。

县级以上地方人民政府应当对合理利用非物质文化遗产代表性项目的单位予以扶持。单位合理利用非物质文化遗产代表性项目的,依法享受国家规定的税收优惠。

第五章 法律责任

第三十八条 文化主管部门和其他有关部门的工作人员在非物质文化遗产保护、保存工作中玩忽职守、滥用职权、徇私舞弊的,依法给予处分。

第三十九条 文化主管部门和其他有关部门的工作人员进行非物质文化遗产调查时侵犯调查对象风俗习惯,造成严重后果的,依法给予处分。

第四十条 违反本法规定,破坏属于非物质文化遗产组成部分的实物和场所的,依法承担民事责任;构成违反治安管理行为的,依法给予治安管理处罚。

第四十一条 境外组织违反本法第十五条规定的,由文化主管部门责令改正,给予警告,没收违法所得及调查中取得的实物、资料;情节严重的,并处十万元以上五十万元以下的罚款。

境外个人违反本法第十五条第一款规定的,由文化主管部门责令改正,给予警告,没收违法所得及调查中取得的实物、资料;情节严重的,并处一万元以上五万元以下的罚款。

第四十二条 违反本法规定,构成犯罪的,依法追究刑事责任。

第六章 附 则

第四十三条 建立地方非物质文化遗产代表性项目名录的办法,由省、自治区、直辖市参照本法有关规定制定。

第四十四条 使用非物质文化遗产涉及知识产权的,适用有关法律、行政法规的规定。

对传统医药、传统工艺美术等的保护,其他法律、行政法规另有规定的,依照其规定。

第四十五条 本法自 2011 年 6 月 1 日起施行。

浙江省非物质文化遗产保护条例

第一章　总　则

第一条　为了加强对非物质文化遗产的保护，继承和弘扬优秀传统文化，根据有关法律、行政法规，结合本省实际，制定本条例。

第二条　本省行政区域内非物质文化遗产的保护和管理，适用本条例。

本条例所称非物质文化遗产，是指各族人民世代相承的、与群众生活密切相关的各种传统文化表现形式和文化空间，包括：

（一）口头传统，包括作为文化载体的语言；

（二）传统表演艺术和传统竞技；

（三）传统手工艺技能和民间美术；

（四）传统礼仪、节庆、民俗活动；

（五）民间传统知识和实践；

（六）与上述传统文化表现形式相关的资料、实物和文化空间；

（七）其他需要保护的非物质文化遗产。

第三条　非物质文化遗产保护坚持政府主导、社会参与，贯彻保护为主、抢救第一、合理利用、传承发展的方针。

第四条　各级人民政府应当加强对非物质文化遗产保护工作的领导，将保护工作列入重要议事日程，建立协调机制，实施有效保护。

县级以上人民政府应当制定非物质文化遗产保护规划，将非物质文化遗产保护事业纳入国民经济和社会发展规划。

第五条　县级以上人民政府文化行政部门主管本行政区域内非物质文化遗产的保护工作。

县级以上人民政府发展改革、财政、民族宗教、经贸、建设、规划、环境保护、国土资源、教育、旅游、体育、文物等部门应当按照相关法律、法规和各自职责做好非物质文化遗产保护工作。

宣传、新闻出版、广播电视等部门以及相关媒体应当宣传非物质文化遗产保护工作，普及非物质文化遗产保护知识，培养全社会非物质文化遗产保护意识。

文联、社联、科协、作协和有关行业协会、学会等组织应当积极参与非物质文化遗产保护活动,按照各自章程和职责做好非物质文化遗产保护工作。

任何单位和个人都有保护非物质文化遗产的义务。

第六条　县级以上人民政府及文化行政部门对非物质文化遗产保护工作中做出显著成绩的单位和个人,应当予以表彰和奖励。

第二章　保护职责与保护经费

第七条　县级以上人民政府应当根据非物质文化遗产保护工作的实际需要,加强保护管理工作机构和专业队伍建设。

第八条　县级以上人民政府文化行政部门应当履行非物质文化遗产保护的下列职责:

(一)宣传贯彻非物质文化遗产保护法律、法规,督促相关单位、个人履行非物质文化遗产保护义务;

(二)组织实施本行政区域非物质文化遗产保护规划;

(三)组织开展非物质文化遗产的普查、发掘、整理、评审、研究等工作;

(四)组织开展非物质文化遗产展示、交流活动;

(五)监督检查非物质文化遗产的保护、管理和利用情况;

(六)其他非物质文化遗产保护的相关工作。

第九条　各级人民政府应当保障非物质文化遗产保护所需经费,保护经费列入财政预算。

县级以上人民政府根据需要设立非物质文化遗产保护专项资金,主要用于:

(一)非物质文化遗产的普查、发掘、整理;

(二)非物质文化遗产珍贵资料、实物的征集和濒危非物质文化遗产的抢救;

(三)对非物质文化遗产代表性传承人、代表性传承单位的资助或者补助;

(四)非物质文化遗产的展示、展演;

(五)非物质文化遗产保护的宣传、培训、研究;

(六)其他重要的非物质文化遗产保护事项。

非物质文化遗产保护专项资金应当加强管理,专款专用,不得挪作他用。

第十条　各级人民政府及有关部门应当加强对少数民族非物质文化遗产的保护、发掘和整理,在资金、技术和人员培训等方面对少数民族地区开展非物质文化遗产保护工作给予重点扶持。

省人民政府应当对经济欠发达地区和少数民族地区的非物质文化遗产保

护工作给予必要的经费支持。

第十一条 建立非物质文化遗产保护专家咨询制度。

县级以上人民政府及文化行政部门在编制非物质文化遗产保护规划、评审非物质文化遗产项目、认定非物质文化遗产代表性传承人和代表性传承单位等工作中，应当听取专家的意见和建议。

第十二条 各级人民政府及有关部门应当鼓励和支持非物质文化遗产保护的民间性活动，对开展相关活动给予指导，根据有关规定给予资助。

鼓励社会以捐赠、认领保护、设立保护专项资金等形式支持非物质文化遗产保护事业。公民、法人和其他组织向非物质文化遗产保护事业捐赠的，享受国家和省有关优惠待遇。

第三章 名录与传承

第十三条 县级以上人民政府应当制定非物质文化遗产普查计划，有关部门应当按计划要求对非物质文化遗产进行普查，对普查结果进行分类、登记；具有重要历史、文化、科学价值的项目，按规定程序列入非物质文化遗产名录。

第十四条 单位和个人可以向所在地文化行政部门申报非物质文化遗产名录项目；申报书应当说明其历史沿革、现存状况以及所依存的自然和社会环境，并提出具体保护计划和措施。

第十五条 建立省、市、县非物质文化遗产名录体系。

省级、市级和县级非物质文化遗产名录项目，分别由同级人民政府文化行政部门组织专家评审、向社会公示，由同级人民政府批准公布，并报上一级人民政府备案。

国家级非物质文化遗产的申报和评定，按照国家有关规定执行。

第十六条 对列入非物质文化遗产名录的项目，县级以上人民政府应当明确保护责任单位，落实保护责任。

保护责任单位应当按照项目申报书提出的保护计划和措施履行保护义务，并按年度向项目所在地文化行政部门报告保护计划实施情况。

第十七条 非物质文化遗产的代表性传承人和代表性传承单位，由县级以上人民政府文化行政部门确认和命名。

确认和命名非物质文化遗产代表性传承人和代表性传承单位，应当组织有关专家评审，并向社会公示。公示期满，对公示对象没有异议或者异议不成立的，予以确认、公布，并报上一级文化行政部门备案。

第十八条　符合下列条件的公民,可以申请或者被推荐为非物质文化遗产代表性传承人:

(一)掌握某项非物质文化遗产的表演艺术、传统工艺、制作技艺等表现形态;

(二)在一定区域内被公认具有代表性或者较大影响;

(三)积极开展传承活动,培养后继人才。

第十九条　符合下列条件的组织和团体,可以申请或者被推荐为非物质文化遗产代表性传承单位:

(一)掌握某项非物质文化遗产的表演艺术、传统工艺、制作技艺等表现形态;

(二)具有若干名该项非物质文化遗产的代表性传承人,并积极开展传承活动;

(三)保存该项非物质文化遗产的原始资料、代表性实物;

(四)在一定区域内被公认具有代表性或者较大影响。

第二十条　代表性传承人和代表性传承单位享有下列权利:

(一)开展传艺、展示技艺、讲学以及艺术创作、学术研究等活动;

(二)依法向他人提供有关原始资料、实物、场所等;

(三)取得有关活动相应的报酬;

(四)开展传承活动有困难的,可以申请县级以上人民政府予以支持;

(五)其他与非物质文化遗产保护相关的权利。

第二十一条　代表性传承人和代表性传承单位应当履行下列义务:

(一)保存、保护所掌握的知识、技艺及有关原始资料、实物、场所;

(二)积极开展展示、传播等活动;

(三)按照师承形式或者其他方式培养新的传承人;

(四)其他与非物质文化遗产保护相关的义务。

第二十二条　各级人民政府应当支持代表性传承人和代表性传承单位开展传承活动,支持的主要方式有:

(一)提供必要的场所;

(二)给予适当的资助;

(三)促进交流与合作;

(四)其他形式的帮助。

县级以上人民政府对有突出贡献的代表性传承人和代表性传承单位,可以授予相应的荣誉称号;对有突出贡献的代表性传承人,可以给予适当的津贴。

第二十三条　非物质文化遗产的代表性传承人、代表性传承单位丧失传承能力、无法履行传承义务的,由县级以上人民政府文化行政部门另行确认并公布代表性传承人、代表性传承单位;怠于履行传承义务的,取消其代表性传承人、代表性传承单位的资格。

第二十四条鼓励、支持教育机构将非物质文化遗产纳入教育内容,开展普及优秀非物质文化遗产知识的活动,建立传承教学基地,培养非物质文化遗产传承人才。

第四章　保护措施与管理

第二十五条　对濒危的有重要价值的非物质文化遗产,县级以上人民政府文化行政部门应当会同有关部门采取科学有效的措施,及时进行抢救性保护。实施抢救性保护应当在专家指导下制定周密的方案,保持非物质文化遗产的原真性和完整性。

对非物质文化遗产实施抢救性保护,可以依法采取下列措施:

(一)采用文字、录音、录像等方式进行真实、完整记录、整理;

(二)征集、收购相关资料、实物,保存、保护相关建筑物、场所等;

(三)其他可以依法实施的抢救措施。

征集、收购活动应当遵循自愿、公平原则,合理作价,并标明出让者的姓名。征集、收购的资料、实物,由县级以上人民政府文化行政部门指定的机构妥善保管。

第二十六条　对列入非物质文化遗产名录的项目,县级以上人民政府文化行政部门应当及时跟踪调查保护情况,建立专门档案,并采取有效措施,使非物质文化遗产得到传承、弘扬。

对列入非物质文化遗产名录项目所涉及的建筑物、场所、遗迹等,县级以上人民政府应当在城乡规划和建设中采取有效措施予以保护。

第二十七条　对与非物质文化遗产密切相关的天然原材料,县级以上人民政府及有关部门应当采取限量开采、提高利用率等措施予以保护。

第二十八条　传统文化生态保持较完整,并具有特殊价值的村落或者特定区域,可以建立非物质文化遗产生态保护区。非物质文化遗产生态保护区应当划定保护范围,设立保护标志。

非物质文化遗产生态保护区的设立条件、程序和保护办法,由省人民政府另行制定。

第二十九条　传统民间艺术特色鲜明,并具有广泛群众基础的区域,可以命名为民间文化艺术之乡。

民间文化艺术之乡由省人民政府文化行政部门命名。

第三十条　非物质文化遗产丰富的地方,县级以上人民政府应当建立专题博物馆,收藏、保存和展示当地的非物质文化遗产。

鼓励单位和个人兴办专题博物馆、展示室等,展示非物质文化遗产。

文化馆(群艺馆)、图书馆、博物馆等文化机构,应当组织开展相关非物质文化遗产的展示活动。

第三十一条　列入非物质文化遗产名录的表演艺术、传统工艺和制作技艺等,属于国家秘密的,应当按照国家保密法律、法规规定的程序确定密级,并予以保护;属于商业秘密的,按照国家有关法律、法规执行。

纳入保密范围的非物质文化遗产的传授、使用和转让,应当依照法律、法规规定的方式、途径进行。

境外团体和个人到本省行政区域内对非物质文化遗产进行学术性考察与研究,应当事先报县级以上人民政府文化行政部门备案;对具有保密性非物质文化遗产进行学术性考察与研究,应当报经省人民政府文化行政部门会同有关部门批准。

第三十二条　非物质文化遗产的知识产权及其基于传统知识、民间文艺所产生的其他权利,依法予以保护。

第三十三条　珍贵的非物质文化遗产原始资料和实物,限制经营、出境。具体办法按照国家和省有关规定执行。

第五章　科学研究与合理利用

第三十四条　县级以上人民政府应当支持非物质文化遗产科学研究工作,培养和引进相关专业人才,促进非物质文化遗产科学研究专业人才队伍建设。

县级以上人民政府文化行政部门应当会同有关部门制订非物质文化遗产的科学研究规划,明确重点科研项目,采取课题申报和项目招标等方式,推动非物质文化遗产的科学研究。

第三十五条　鼓励、支持大专院校、科研机构开展非物质文化遗产理论和实践结合的科学研究,提高非物质文化遗产保护和合理利用的科学水平。

鼓励、支持企业事业单位、团体和个人开展非物质文化遗产相关内容的科研活动;鼓励、支持与境外的组织和个人依法开展非物质文化遗产科学研究的合作与交流。

第三十六条　鼓励、支持以弘扬优秀非物质文化遗产为目的的文学艺术创作;有计划、有重点地做好优秀非物质文化遗产的原始文献、典籍、资料等的整理、翻译、出版和研究工作。

第三十七条　各级人民政府应当采取有效措施,对与非物质文化遗产相关的、具有较高价值的民居、建筑物、场所等加以维护、修缮,具备条件的应当向公众开放。

第三十八条　鼓励建立非物质文化遗产合理利用的基地,科学合理开发利用非物质文化遗产资源,促进非物质文化遗产适度运用于文化、旅游等相关产业发展。

第三十九条　利用非物质文化遗产进行创作、改编、表演、展示、产品开发、旅游等活动,应当尊重其原真性和文化内涵,不得歪曲滥用。

第四十条　在开展非物质文化遗产考察、采访和其他相关活动中,不得非法占有、损毁非物质文化遗产的资料、实物,不得侵害非物质文化遗产权利人的合法权益。

第六章　法律责任

第四十一条　违反本条例规定的行为,法律、行政法规已有行政处罚规定的,从其规定;构成犯罪的,依法追究刑事责任。

第四十二条　违反本条例规定,对国家所有的非物质文化遗产资料、实物保护管理不力的,由县级以上人民政府文化行政部门责令改正;造成遗失或者严重损坏的,对直接负责的主管人员和其他直接责任人员依法给予行政处分。

第四十三条　违反本条例规定,侵占、破坏列入非物质文化遗产名录项目的资料、实物、建筑物、场所等的,由县级以上人民政府文化行政部门责令改正、恢复原状或者赔偿损失,可处二千元以上二万元以下的罚款;情节严重的,处二万元以上十万元以下的罚款。有违法所得的,没收违法所得。

第四十四条　违反本条例第三十一条第三款规定,未经备案对非物质文化遗产进行学术性考察与研究的,由县级以上人民政府文化行政部门责令改正,可处二千元以上二万元以下的罚款。未经审核批准对具有保密性的非物质文化遗产进行学术性考察与研究的,由省人民政府文化行政部门处五千元以上五万元以下的罚款;情节严重的,处五万元以上十万元以下的罚款。有考察所得资料、实物的,依法予以没收。

第四十五条　违反本条例第四十条规定的,占有、损毁非物质文化遗产资料、实物的,由县级以上人民政府文化行政部门责令改正;情节严重的,处二万元以上十万元以下的罚款。

第四十六条 县级以上人民政府文化行政部门、其他有关行政部门工作人员违反本条例规定,有下列情形之一的,由其上级主管部门或者监察部门对直接负责的主管人员和其他直接责任人员依法给予行政处分:

(一)不按照本条例规定履行保护管理职责,造成后果的;

(二)不按照本条例规定采取科学有效保护措施,造成濒危非物质文化遗产失传的;

(三)不按照本条例规定履行审核、申报职责的;

(四)违法实施行政处罚的;

(五)其他违法情形。

第七章　附　则

第四十七条 本条例所指的与非物质文化遗产相关的资料、实物、建筑物和场所,已被确定为文物或者文物保护单位的,适用文物保护法律、法规。

本条例所称的文化空间,是指定期举行传统文化活动或者集中展现传统文化表现形式的场所,兼具空间性和时间性。

第四十八条 本条例自 2007 年 6 月 1 日起施行。

宁波市人民政府
关于公布宁波市级非物质文化遗产名录的通知

甬政发〔2011〕13 号

各县(市)区人民政府,市政府各部门、各直属单位:

　　根据《国务院办公厅关于加强我国非物质文化遗产保护工作的意见》(国办发〔2005〕18 号)、《浙江省非物质文化遗产保护条例》精神和有关要求,为进一步促进我市非物质文化遗产的有效保护和利用,经市非物质文化遗产评审委员会审议,对第一、第二批市级非物质文化遗产名录进行了甄选。现经市政府领导同意,将"舜的传说"等 116 项民俗民间艺术、技艺项目列为市级非物质文化遗产名录,并连同项目的传承基地和传承人一并予以公布。

　　各地、各有关部门要认真贯彻"保护为主、抢救第一、合理利用、传承发展"的方针,对列入代表作名录和其他有价值的非物质文化遗产采取有力措施,切实做好保护、管理和合理利用工作,为继承和弘扬中华民族优秀传统文化,推动社会主义文化大发展大繁荣做出积极贡献。

　　附件:宁波市级非物质文化遗产名录

宁波市人民政府
2011 年 1 月 11 日

宁波市级非物质文化遗产名录

（甄选自第一、二批市级非物质文化遗产名录，共 116 项）

（一）民间文学

序号	项目名称	申报单位（传承基地）	传承人
1	舜的传说	余姚市低塘街道厉山村村委会	杨鹏飞
2	谢阁老传说	余姚市泗门镇文化站	黄长根
3	布袋和尚传说	奉化市锦屏街道长汀村村委会	张嘉国
4	上林湖的传说	慈溪市桥头镇中心小学	余梦友
		慈溪市新浦镇中心小学	杜松根
5	徐福东渡传说	象山县丹西街道方井头村村委会	盛鑫夫
		慈溪市龙山镇徐福小学	黄知言
6	赵五娘传说	象山县爵溪街道文化站	王亨良
7	宁波农谚	宁波市鄞州区高桥镇中心初级中学	庄兆民
8	三字经	宁波市鄞州区德培小学	郑定利
9	方孝孺传说	宁海县文化馆	葛云高

（二）民间音乐

序号	项目名称	申报单位（传承基地）	传承人
1	余姚十（杂）番	余姚市朗霞街道干家路村村委会	杨松炎
2	一人戏班	余姚市小曹娥镇朗海村村委会	阮德耀
3	奉化吹打	奉化市萧王庙小学	汪裕章
		奉化市圣缘堂礼仪服务有限公司	蔡建国
4	越窑青瓷瓯乐	慈溪市青瓷瓯乐艺术团有限公司	丁宝顺
			章均立
5	象山渔民号子	象山县石浦文化馆	陈瑞春
6	宁海粗十番	宁海县平调剧团	姚国民

（三）传统戏剧

序号	项目名称	申报单位（传承基地）	传承人
1	姚剧	余姚市艺术剧院	沈守良
		余姚市肖东第一小学	
2	高塘提线木偶	象山县高塘岛乡江南村	李贵富
3	甬剧	宁波市艺术剧院	汪莉珍
			杨柳汀
			王锦文
4	宁海平调	宁海县越剧团	王万里
			叶全民

（四）传统体育、游艺与杂技

序号	项目名称	申报单位（传承基地）	传承人
1	精武拳械	余姚市职成教中心学校	符永江
2	水火流星	慈溪市龙山镇实验小学	王耀国
		宁波市鄞州区横溪镇横溪村村委会	章华通
3	四明内家拳	宁波市鄞州区五乡镇铁佛禅寺	夏宝峰
4	龙舟竞渡	宁波市鄞州区云龙镇前后陈村村委会	水春华

（五）曲艺

序号	项目名称	申报单位（传承基地）	传承人
1	唱新闻	奉化市文化馆	毛东祥
		象山县文化馆	叶胜建
		宁波市北仑区大碶街道文化站	应振爱
		宁波市鄞州区咸祥镇文化中心	朱秀定
			陈国民
2	蛟川走书	宁波市北仑区灵岩书场	乐 静
		宁波市镇海区职业教育中心学校	张亚琴

续表

序号	项目名称	申报单位（传承基地）	传承人
3	宁波走书	宁波市鄞州区文化馆	沈健丽
			闻海平
		奉化市文化馆	陈雅芸
4	宁波评话	宁波市鄞州区宁波东钱湖旅游学校	张少策
5	四明南词	宁波市海曙区文化馆	陈祥源

（六）传统美术

序号	项目名称	申报单位（传承基地）	传承人
1	陆埠佛雕	余姚市陆埠镇万佛雕刻厂	马柏权
2	大隐石雕	余姚市大隐镇石刻石雕加工厂	金星乔
3	粉雕	余姚市黄家埠镇回龙幼儿园	何来根
4	余姚刺绣（越绣）	余姚市凤山街道唐高祥刺绣作坊	唐高祥
		余姚市小曹娥镇南新庵鞋帽刺绣作坊	赵桂花
5	稻草玩具	奉化市溪口镇三石农庄	赵华助
6	宁波农民画	慈溪市龙山镇实验小学	范秋波
		象山县茅洋乡茅洋学校	顾圣亚
		奉化市文化馆	胡玲玲
7	越窑青瓷烧制技艺	慈溪市越窑青瓷有限公司	孙迈华
			孙 威
8	面塑	慈溪市新浦镇六甲村村委会	罗如表
		慈溪市逍林镇桥一村村委会	黄庆校
9	剪纸	余姚市丈亭镇龙南小学	朱祝绒
		余姚市小曹娥镇曹娥小学	许爱妹
		慈溪市横河镇中心小学	胡秀美
			任华央
		象山才华剪纸艺术馆	谢才华
10	象山竹根雕	象山德和根艺美术馆	张德和
11	刻版牒印	象山县高塘岛乡孝贤湾村村委会	陈清波

序号	项目名称	申报单位(传承基地)	传承人
12	宁海根雕	宁海石林山根艺研究所	葛安飞
13	泥金彩漆	宁海县宁波东方艺术品有限公司	黄才良
		宁海县岔路镇陈孝吉泥金根雕设计工作室	陈孝吉
14	风筝	宁波市江北区惠贞书院	邵国强
15	骨木镶嵌	宁波市鄞州区宁波紫林文房作坊	陈明伟
		宁波市江北区慈城甘雨民间工艺坊	甘金云
16	虎头鞋	宁波市鄞州区下应街道河东村村委会	应美娟
17	朱金漆木雕	宁波市鄞州中艺雕塑厂	陈盖洪
18	竹刻	宁波市鄞州区咸祥镇中学	潘兆丰
19	泥(雕)塑	宁波市鄞州区钟公庙中学	何贤顺
20	工艺竹编	宁波市鄞州区塘溪镇上城小学	叶良康
21	灰雕	宁波市鄞州区园林市政建设有限公司	朱英度
22	咸祥彩船	宁波市鄞州区咸祥杨懿纪念馆	朱利祥
			龚志安
23	金银彩绣	宁波市鄞州区金银彩绣有限公司	史翠珍
			许谨伦
24	清刀木雕	宁海县宁波东方艺术品有限公司	黄雍

（七）传统舞蹈

序号	项目名称	申报单位(传承基地)	传承人
1	犴舞	余姚市泗门镇东蒲村村委会	张森裕
		余姚市泗门镇中心小学	
2	木偶摔跤	余姚市泗门镇小路下村村委会	刘永章
		余姚市泗门镇中心小学	

续表

序号	项目名称	申报单位（传承基地）	传承人
3	车子灯	慈溪市长河镇垫桥村村委会	陈久林
		慈溪市天元镇界塘村村委会	周书祥
		慈溪市逍林镇文化站	孙秀凤
		慈溪市陆埠镇文化站	徐章生
4	三北小锣书	慈溪市白沙路街道白河社区委员会	胡新昌
5	奉化布龙	奉化市尚田镇条宅村村委会	陈行国
		奉化市尚田镇中心小学	
		奉化高级中学	王基明
		奉化市岳林街道周家村村委会奉化布龙	周永根
6	大塘车灯	象山县定塘镇中站村村委会	史济康
7	灵南狮舞	象山县泗洲头镇上马岙村村委会	黄安宽
8	渔灯舞	象山县石浦渔村文体活动中心	龚世财
9	宁海狮舞	宁海县第一职业中学	陈昌福
10	北仑造趺	宁波市北仑区柴桥实验小学	周翠珠
			周德兴
11	跑马灯	宁波市鄞州区横街镇中心小学	周岳定
12	高跷	宁波市鄞州区瞻岐镇张东周村村委会	周定国
13	大岙布龙	宁波市鄞州区横溪镇大岙村村委会	任海康
14	大头和尚	宁波市鄞州区集士港镇翁家桥村村委会	马宝春
15	渔翁捉蚌	宁波市鄞州区古林镇宋严王村村委会	宋方信
16	澥浦船鼓	宁波市镇海区澥浦中心学校	费绍法
17	把酒舞	宁海县前童民俗博物馆	童富铎

（八）传统手工技艺

序号	项目名称	申报单位（传承基地）	传承人
1	余姚土布制作技艺	余姚市小曹娥镇王桂凤土布作坊	王桂凤
2	西乡箸面制作技艺	宁海县桑洲镇坑口村村委会	夏美女
3	余姚笋干菜制作技艺	余姚市兰江街道冯村经济合作社	魏树煊

序号	项目名称	申报单位(传承基地)	传承人
4	梁弄大糕制作技艺	余姚市梁弄镇梅佰桥大糕作坊	梅佰桥
5	木称制作技艺	余姚市梁弄镇寿大钱木称作坊	寿大钱
6	竹编技艺	余姚市大隐镇芝林村村委会	徐雪均
7	陆埠豆酥糖制作技艺	余姚市陆埠永丰豆酥糖作坊	郑瑞云
8	奉化水蜜桃栽培技艺	奉化市水蜜桃研究所	吴大军
		奉化市萧王庙街道林家村村委会	林海波
		奉化市溪口镇新建村村委会	唐平宏
9	奉化羊尾笋烤制技艺	奉化市溪口镇锦溪村村委会	丁传松
10	削竹脑生产技艺	奉化市溪口镇石门村村委会	毛康达
11	溪口千层饼制作技艺	奉化市溪口镇一村村委会	蒋定军
12	红帮裁缝制作技艺	奉化市罗蒙集团股份有限公司	蒋南钊
			盛君飞
		宁波市鄞州区红帮服装学校	楼景康
13	横河杨梅加工技艺	慈溪市横河镇农业服务有限公司	黄康盛
14	宁波酱油酿造技艺	慈溪酿造有限公司	吕华飞
15	草帽编织技艺	慈溪市草编工艺品博物馆	周荷花
16	木海马制作技艺	象山县墙头镇舫前村村委会	王根言
17	船模	象山县杨氏古船坊	杨雪峰
			詹梦福
18	石浦渔灯	象山县老董民间传统纸艺馆	李荣辉
			董和林
19	庵东晒盐技艺	慈溪市庵东镇"七二三"盐工革命斗争史陈列馆	沈文海
20	海盐晒制技艺	象山县新桥盐场	史奇刚
21	象山米馒头制作技艺	象山县丹西街道九顷村村委会	胡美香
22	龙凤金团制作技艺	宁波市江东区新天福糕团店	赵文海
23	年糕制作技艺	宁波市江北区冯恒大年糕厂	谢大本
24	邱隘咸齑腌制技艺	宁波市鄞州区引发绿色食品有限公司	乐康海
25	锡制品制作工艺	宁波市鄞州区横溪镇成人学校	沈福定

续表

序号	项目名称	申报单位（传承基地）	传承人
26	草席编织技艺	宁波市鄞州区古林镇仲一村村委会	袁阿蓝
27	箍桶技艺	宁波市鄞州区横溪镇中心小学	任宏义
28	宁波菜烹饪技艺	宁波市鄞州区宁波石浦酒店管理发展有限公司	陈效良
29	棕榈叶编织	宁海县建林棕编工作室	张建林

（九）传统医药

序号	项目名称	申报单位（传承基地）	传承人
1	胡氏中医外科	余姚市第三人民医院	胡为民
		余姚市中医院	仇　洪
2	寿全斋中医药文化	宁波市海曙区宁波药材股份公司	王建康
3	瘄科中医	宁波市鄞州区石碶街道社区卫生服务中心	盛臣毅
4	陆氏伤科	宁波市鄞州区骨伤科医院	陆健祖
			陆祖安

（十）民俗

序号	项目名称	申报单位（传承基地）	传承人
1	浙东婚俗	余姚市梁弄镇永延工艺术制品厂	邵永福
		奉化圣缘堂礼仪服务有限公司	江圣彪
		象山县石浦镇东丰村村委会	奚兴竹
2	萧王庙庙会	奉化市萧王庙街道	孙勤生
3	大塘红庙庙会	象山县定塘镇镇潮庙管会	金宗土
4	海洋捕捞习俗	象山县石浦镇东渔村村委会	朱伟义
5	富岗如意习俗	象山县石浦镇东渔村村委会	谢友芳
6	象山渔民开洋谢洋节	象山县石浦镇东渔村村委会	韩素莲
7	象山七月半会	象山爵溪城隍庙	周生财
8	船饰习俗	象山县鹤浦镇鹤进村村委会	郑昌飞
9	前童元宵灯会	宁海县前童民俗博物馆	童金灿

续表

序号	项目名称	申报单位(传承基地)	传承人
10	十里红妆婚俗	宁海十里红妆博物馆	何晓道
11	慈城庙会	宁波市江北区慈城镇文化发展服务中心	应根法
12	抬阁	宁波市鄞州区瞻岐镇合一村村委会	李保荣
		宁海县前童民俗博物馆	童帝寿
13	鄞州桥(它山)庙会	宁波市鄞州区它山文化研究中心	陈思光
14	八月十六过中秋习俗	宁波市海曙区文化馆	董志成

宁波市人民政府关于公布第三批宁波市级
非物质文化遗产名录等项目的通知

甬政发〔2010〕54 号

各县(市)、区人民政府,市政府各部门、各直属单位:

根据《国务院办公厅关于加强我国非物质文化遗产保护工作的意见》(国办发〔2005〕18 号)、《浙江省非物质文化遗产保护条例》精神和有关要求,在各县(市)区人民政府及有关部门推荐申报和宁波市非物质文化遗产评审委员会筛选审议的基础上,经市政府领导同意,将"宁波谜语"等 55 项民俗民间艺术、技艺项目列为第三批宁波市级非物质文化遗产名录,其中新增项目 39 项、扩展项目 16 项,现连同项目的传承基地和传承人予以一并公布。

各地、各有关部门要切实按照加强非物质文化遗产抢救和保护工作的各项法规、政策的要求,认真贯彻"保护为主、抢救第一、合理利用、传承发展"的工作方针,进一步做好非物质文化遗产的保护、管理和合理利用工作。

宁波市人民政府
2010 年 6 月 17 日

第三批宁波市级非物质文化遗产名录

一、新增项目(共 39 项)

(一)民间文学

序号	项目名称	申报单位(传承基地)	传承人
1	宁波谜语	宁波市鄞州区高桥镇中心初级中学	傅瑞庭
2	乐涵的传说	宁波市北仑区小港街道文化站	陈性立
3	东钱湖的传说	东钱湖旅游度假区东钱湖镇文化站	史德芳
4	镇海口海防历史故事	宁波市镇海口海防历史纪念馆	沈志远

(二)传统音乐

序号	项目名称	申报单位(传承基地)	传承人
1	象山龙灯锣鼓	象山县文化馆	俞 快
2	承古轩古乐	慈溪市观海卫镇文化站	韩新高
			施初全
3	宁波小调	东钱湖旅游度假区东钱湖镇文化站	乐 静

(三)传统舞蹈

序号	项目名称	申报单位(传承基地)	传承人
1	龙舞(田洋湖茶山老龙)	宁海县文化馆	胡学须
		象山县定塘镇田洋湖村村委会	胡晓乾
2	沃家狮象窜	宁波市北仑区柴桥街道文化站	沃凡城
3	梅山舞狮	宁波市北仑区梅山乡文化站	沈海迪
4	采莲船	余姚市泗门镇文化站	桑华菊

（四）传统戏剧

序号	项目名称	申报单位(传承基地)	传承人
1	布袋木偶戏	宁海县文化馆	周瑞德

（五）传统体育、游艺与杂技

序号	项目名称	申报单位(传承基地)	传承人
1	水浒名拳	宁波市北仑区梅山乡文化站	傅信阳

（六）传统美术

序号	项目名称	申报单位(传承基地)	传承人
1	脱胎漆器	宁波宏拓精雕有限公司	谢武宏
			谢乔中
		宁波市北仑区神宇雕塑厂	柯建云
2	彩灯扎制	宁波市鄞州区瞻岐镇东城村村委会	张煜燆
3	民间彩线刺绣	宁波市鄞州区中河街道东湖社区居委会	陈爱娥

（七）传统技艺

序号	项目名称	申报单位(传承基地)	传承人
1	失蜡浇铸技艺	宁波宏拓精雕有限公司	鲍月国
2	戏台螺旋顶制作技艺	宁波市鄞州园林市政建设有限公司	张立群
3	古砖瓦烧制技艺	宁波市鄞州古砖瓦建材厂	许元君
4	打铁技艺	宁波市鄞州区它山文化艺术研究中心	王惠君
5	手工弹棉花技艺	宁波市鄞州区高桥镇高峰村村委会	陈财法
6	红铜炉制作技艺	慈溪市观海卫镇文化站	郑飞民
7	传统木结构古建筑建造技艺	宁波金鲁班大木作园林有限公司	郭永尧
8	保国寺修缮技艺	宁波市保国寺古建筑博物馆	沈惠耀
			陈国范
			何林娇

续表

序号	项目名称	申报单位(传承基地)	传承人
9	钉碗技艺	宁波市鄞州区姜山镇姜山头村村委会	侯俊宝
10	奉化芋艿头栽培技艺	奉化市萧王庙街道小桥头村村委会	陈火飞
11	楼茂记香干制作技艺	宁波楼茂记食品有限公司	楼家炳
12	米豆腐制作技艺	奉化市莼湖镇文化站	林财法
13	朗霞豆浆制作技艺	余姚市朗霞干大林豆浆店	干大林
14	缸鸭狗传统甜点制作技艺	宁波采得丰餐饮管理有限公司	陈开河

（八）传统医药

序号	项目名称	申报单位(传承基地)	传承人
1	小儿针灸	宁波市鄞州区首南医院	余杏月
2	董氏儿科	宁波市中医院	董幼祺
3	宋氏妇科	宁波市妇儿医院	宋逸民
		宁波海曙新城中医会馆	宋泽军

（九）民俗

序号	项目名称	申报单位(传承基地)	传承人
1	西岙正月十八夜行大龙习俗	宁海县长街镇西岙村村委会	陈万珍
2	纱船	宁波市北仑区春晓镇慈岙村村委会	王志初
3	元宵灯会(泗门元宵灯会)	余姚市泗门镇文化站	周柏桢
4	海岛渔民造房习俗	象山县石浦镇东门渔村村委会	张一民(曾用名张桂星)
5	谢氏祭祀仪式	余姚市泗门镇文化站	谢建龙
6	葛仙翁信俗	宁波市北仑灵峰寺	释可善

二、扩展项目(共 16 项)

（一）曲艺

序号	项目名称	申报单位(传承基地)	传承人
1	宁波走书	象山县文化馆	宋云英

（二）传统体育、游艺与杂技

序号	项目名称	申报单位(传承基地)	传承人
1	龙舟竞渡	东钱湖旅游度假区东钱湖镇文化站	胡志明

（三）传统美术

序号	项目名称	申报单位(传承基地)	传承人
1	刻纸	宁海县桥头胡街道文化站	钟绿叶
2	新碶民间剪纸	宁波市北仑区高塘小学	张其培 胡维波
3	泥金彩漆	宁波啄木鸟园艺发展有限公司传统工艺艺术坊	李光照
4	老虎鞋制作	慈溪市古塘街道文化站	蒋珍奋
5	鄞州工艺石雕	宁波市鄞州园林市政有限公司	张国财

（四）传统技艺

序号	项目名称	申报单位(传承基地)	传承人
1	箍桶技艺	宁海县得心坊根艺工作室	鲍明沛
2	打镴技艺	奉化市文化馆	朱义华
3	锡器制作技艺	宁波市北仑区新碶街道紫荆社区居委会	贺信华
4	木杆秤制作技艺	宁波市北仑区柴桥街道文化站	郑银娥
5	余姚草编技艺	宁波舜广工艺美术品有限公司	赵　鹏
6	长面制作技艺	宁波市鄞州区高桥镇芦港村村委会	吴建华
7	水碓年糕制作技艺	余姚市陆埠文化站	姜渭飞 姜渭钊
8	庄市长面制作技艺	宁波帮故里旅游开发投资有限公司	陈明芳

（五）民俗

序号	项目名称	申报单位(传承基地)	传承人
1	抬阁(昌国抬阁)	象山县石浦镇昌桥村村委会	施锡曹

宁波市人民政府关于公布第四批宁波市级
非物质文化遗产代表性项目名录的通知

甬政发〔2015〕60号

各县(市)、区人民政府,市直及部省属驻甬各单位:

按照《中华人民共和国非物质文化遗产法》和《国务院办公厅关于加强我国非物质文化遗产保护工作的意见》(国办发〔2005〕18号)精神和有关要求,目前"非物质文化遗产名录"已调整为"非物质文化遗产代表性项目名录"。在各县(市)、区人民政府及有关部门推荐申报和宁波市非物质文化遗产评审委员会筛选审议的基础上,决定将"招宝山风物传说"等30个项目列入第四批宁波市级非物质文化遗产代表性项目名录,"泥金彩漆"等10个项目列入宁波市级非物质文化遗产代表性项目名录扩展项目名录,现连同41个传承基地(其中一个项目有2个传承基地)和41名传承人(其中一个项目有2名传承人)一并公布。

为加强非物质文化遗产代表性项目的动态保护,促进优胜劣汰,经专家组按"三位一体"评估标准对宁波市前三批市级以上项目进行评估,决定取消"东钱湖传说"等26个不达标项目及传承人和传承基地的市级称号。

各地、各部门要认真贯彻"保护为主、抢救第一、合理利用、传承发展"的工作方针,坚持科学保护理念,制定规划,扎实做好非物质文化遗产代表性项目的传承、传播工作,推动非物质文化遗产保护迈上新台阶,为弘扬中华民族优秀传统文化作出新的贡献。

宁波市人民政府

2015年6月5日

第四批宁波市级非物质文化遗产代表性项目名录

一、新增项目(共 30 项)

(一)民间文学

序号	项目名称	申报单位(传承基地)	传承人
1	招宝山风物传说	招宝山风景区旅游开发公司	洪余庆
2	半浦民间故事	宁波二老阁文化传媒有限公司	郑家永
3	田螺姑娘传说	集士港镇万众村经济合作社	胡道康

(二)传统舞蹈

序号	项目名称	申报单位(传承基地)	传承人
1	冠庄船灯	宁海县桃源街道冠庄村经济合作社	潘自强
2	珠水溪母子龙	象山县丹西街道珠水溪村经济合作社	吴彩金

(三)传统戏剧

序号	项目名称	申报单位(传承基地)	传承人
1	响器木偶	北仑区白峰镇西门村股份经济合作社	纪昌德
2	乱弹(宁海乱弹)	宁海县桃源街道下金村经济合作社	金余明

(四)传统体育、游艺与杂技

序号	项目名称	申报单位(传承基地)	传承人
1	宁波传统儿童游戏	北仑区九峰幼儿园	群体传承
2	山后张武术	宁海县力洋镇山后张村经济合作社	张志成
3	四明松溪派内家拳	奉化市武术协会	汪 波

（五）传统美术

序号	项目名称	申报单位(传承基地)	传承人
1	传统插花 （鄞州区传统插花）	浙江蓝海绿业集团	秦 雷
2	白峰漆塑	北仑区白峰镇峰南社区居家养老服务站	唐美定
3	白木小件	宁海县桥头胡永水工艺品厂	徐永水 倪时振

（六）传统技艺

序号	项目名称	申报单位(传承基地)	传承人
1	宁式糕点制作技艺	宁波梅龙镇酒家有限公司	杨晓蝶
		宁波赵大有食品有限公司	王鹤逸
2	传统粮油加工技艺（王升大传统粮油加工技艺）	宁波陆宝食品有限公司	王贤定
3	农（渔）船制作技艺	鄞州区咸祥成人学校	朱志友
4	绿茶制作技艺（北仑绿茶制作技艺）	北仑孟君茶业有限公司	鲁孟军
5	龙舟雕刻技艺（宁海龙舟雕刻技艺）	宁海县锦祥艺术品有限公司	童献松
6	古戏台建造技艺（宁海古戏台建造技艺）	宁海县岔路镇东山村经济合作社	王世春
7	岑晁醋制作技艺	宁波长江酿造有限公司	叶斌耀

续表

序号	项目名称	申报单位（传承基地）	传承人
8	盘纽技艺（余姚盘纽技艺）	余姚市黄家埠镇文体中心	夏彩囡
9	传统家具制作技艺（慈溪传统家具制作技艺）	慈溪市时发古典家具有限公司	沈建江
10	棠岙纸制作技艺	奉化市棠岙村造纸作坊	袁恒通

（七）传统医药

序号	项目名称	申报单位（传承基地）	传承人
1	钟氏内科医术	钟益寿堂	钟之洲

（八）民俗

序号	项目名称	申报单位（传承基地）	传承人
1	咸祥八月半渔棉会	鄞州区咸祥镇杨懿纪念馆	周如水
2	太白庙天童镳会	鄞州区东吴镇天童村经济合作社	史东初
3	邹溪稻花会	鄞州区塘溪镇邹溪庙	沙保安
4	深甽十月半庙会	宁海县深甽村经济合作社	胡福安
5	山头灯人会	宁海县长街镇山头村经济合作社	冯宗满 王开文
6	元宵饮食习俗（宁海十四夜饮食习俗）	宁波县文化馆（非遗中心）	群体传承

二、扩展项目(共 10 项)

（一）传统美术

序号	项目名称	申报单位(传承基地)	传承人
1	泥金彩漆	宁波市鼎太风华装饰艺术设计有限公司	沈黎军
2	民间彩线刺绣	四明中学	罗　慧
3	虎头鞋	北仑区大碶街道坝头社区	乐翠娣
4	根雕(奉化根雕)	奉化市布袋弥勒工艺美术协会	王全海

（二）传统技艺

序号	项目名称	申报单位(传承基地)	传承人
1	工艺竹编(宁海竹编)	宁海县三福青工艺品店	杨维炉
2	宁波菜烹饪技艺(东福园宁波菜烹饪技艺)	宁波东福园餐饮管理有限公司	黄孝林
3	风筝制作技艺(余姚风筝制作技艺)	余姚市梨洲街道文化站	叶　静
4	草帽编织技艺(鄞州草帽编织技艺)	宁波曙波工艺品有限公司	胡佩芬
5	传统木结构古建筑建造技艺	宁波公羽古建筑有限公司	翁林芳

（二）民俗

序号	项目名称	申报单位(传承基地)	传承人
1	抬阁(郭巨抬阁)	北仑区白峰镇西门村股份经济合作社	汪玉庠

索　引

后　记

　　2006 年,我就开始了对文化产业课题的学习和研究,其间先后参与了"浙江传媒产权多元化问题研究""改革开放宁波文化发展三十年"等 5 项浙江省、宁波市哲学社会科学课题的研究。在研究中,我通过调查走访了大量的文化场所、博物馆、文化馆及文化名人等,获得了很多文化领域的学科知识,扩大了视野,对宁波文化产业的建设与发展也有了更多的心得和体会。

　　2013 年 5 月,我的课题"宁波市非物质文化遗产的创意产业化路径探究"获得了宁波市与中国社会科学院共建研究中心的立项资助,本书系该课题的主要研究成果。本书在前期资料文献的积累、调查研究和理论学习的基础上,总结了非物质文化与文化创意产业之间的关系,探讨了非物质文化创意产业化理论与实践过程中的问题,对宁波市非物质文化遗产的文化创意产业化发展有一定的资料梳理、总结和参考意义。

　　如同非遗创意一样,写作也是艰难的创意。前后历经了三年,不仅几次变更提纲、废弃初稿,而且还要排除身心之外之纷扰,几多辛酸困苦,静心写作确非易事。课题组成员张明明、汪广松老师搜集与整理了大量与课题相关的文献资料、图片;浙江万里学院副校长闫国庆教授、物流与电子商务学院副院长王琦峰教授给予此书的出版极大的关注与支持,特此深表感谢!

　　囿于笔者学识浅显、理论水平和资料欠缺,所以借鉴和引用了部分前人的研究成果,特此向他们表示敬意和感谢。如书中有错误和疏漏,敬请各位专家、老师和读者多多批评,请发邮件至 wanhuai_chen@126.com,在今后文化的学习和研究中,我将进一步提高自己!

陈万怀

于宁波梅墟新城

2016 年 8 月 20 日

图书在版编目(CIP)数据

宁波非物质文化遗产创意产业化研究 / 陈万怀著.
—杭州:浙江大学出版社,2017.6
　ISBN 978-7-308-17026-0

　Ⅰ.①宁… Ⅱ.①陈… Ⅲ.①非物质文化遗产—文化
产业—研究—宁波 Ⅳ.①G127.553

中国版本图书馆 CIP 数据核字(2017)第 147171 号

宁波非物质文化遗产创意产业化研究

陈万怀　著

责任编辑	杨利军
文字编辑	王建英
责任校对	沈巧华　张培洁
封面设计	闻江文化
出版发行	浙江大学出版社
	（杭州市天目山路 148 号　邮政编码 310007）
	（网址:http://www.zjupress.com）
排　　版	浙江时代出版服务有限公司
印　　刷	浙江省良渚印刷厂
开　　本	710mm×1000mm　1/16
印　　张	13
字　　数	226 千
版 印 次	2017 年 6 月第 1 版　2017 年 6 月第 1 次印刷
书　　号	ISBN 978-7-308-17026-0
定　　价	39.00 元